Inhalt

AF177130

Manitoba

Saskatchewan

Impressum

360° NordAmerika – Special 2/2023 Kanadas Prärie-Provinzen
Dieses Special erscheint in Kooperation mit Destination Canada als Sonderpublikation.

Verlag: 360° medien | Nachtigallenweg 1 | 40822 Mettmann, Tel.: +49 2104 5063-100 | E-Mail: info@360grad-medien.de | redaktion@360grad-medien.de | www.360grad-travel.club

ISBN: 978-3-96855-396-2

Preis: 4,50 €

Bildnachweise: Adobe Stock | NZP Chasers S. 1; Benjamin Hutton Photography S. 40/41, 42o, 42u re, 43o; Canadian Museum for Human Rights S. 25u; Tyler Cave S. 32u; Denkzauber S. 6o li; Destination Canada S. 4o, 55; Discover Saskatoon | Carey Shaw Photography S. 46o; Discover Saskatoon | Concepts Photography & Design S. 47; Noelle Drimmie S. 30/31; Frontiers North Adventures S. 13o; George Fischer Photography S. 6o, 25o; Dan Harper S. 23u; Historic Reesor Ranch | Thomas Sbambato S. 38u; Ben Jarworskyi S. 27li; Rasso Knoller S. 8u, 9u; Stan Milosevic S. 22o; Odla S. 46u; Mike Peters S. 24o; Karin Schreiber S. 6u; Tourism Saskatchewan S. 42u li, 54u; Tourism Saskatchewan | Paul Austring S. 35, 39; Tourism Saskatchewan | Carey Shaw Photography S. 34u; Tourism Saskatchewan | Chris Hendrickson Photography S. 36/37, 44/45, 48u, 50u, 53re, 54o; Tourism Saskatchewan | Dave Reede Photography S. 32o; Tourism Saskatchewan | Greg Huszar Photography S. 33u, 34o 48/49o, 50o, 51; Tourism Saskatchewan | Hans-Gerhard Pfaff S. 38o; Tourism Saskatoon | Nick Biblow S. 52/53; Tourism Winnipeg | Exchange District Biz S. 21o; Tourism Winnipeg | Salvador Maniquiz S. 21u; Travel Manitoba S. 16-19, 11, 12o, 13u, 14o, 14u li, 15, 6u li, 7o, 22u, 26, 28, 29; Travel Manitoba | Bill Bennett S. 5mi, 20; Travel Manitoba | Dave Daley S. 14u re; Travel Manitoba | Dennis Fast S. 8o, 10o, 12u; Travel Manitoba | Robyn Hanson S. 9o, 24u; Travel Manitoba | JP Media Works S. 4u, 5o, 23o, 27o re, 27u re; Travel Manitoba | Liz Tran S. 7u; Wander The Map S. 5u; Zhang Yongpeng S. 10u

Kanada abseits der üblichen Routen:

Roadtrip durch Manitoba!

Bisonherde im Riding Mountain National Park

Kanadas Hotspots sind längst besucht und die berühmte „Bucket-List" abgehakt? Aber die Lust auf kanadische Abenteuer ist noch immer riesengroß? Dann wird es Zeit für einen Roadtrip durch Manitoba! Hier, im Herzen des Landes, warten unentdeckte Schätze abseits der üblichen Routen!

Der Roadtrip durch Manitoba beginnt in der Provinzhauptstadt **Winnipeg**. Die hippe Multikulti-City begeistert mit Vielfalt, Kreativität und einer angesagten Gastro-Szene. Ihre abwechslungsreichen Viertel bieten eine aufregende Mischung aus Geschichte, Architektur und kulturellem Angebot. So z.B. das Exchange District mit seinen 150 historischen Gebäuden aus

Die Kunstausstellung Qaumajuq mit der weltweit größten Sammlung von Artefakten der Inuit

der Zeit der Jahrhundertwende. Heute beheimaten sie kleine Boutiquen, Cafés und Galerien. In Downtown Winnipeg treffen die alten Gemäuer auf moderne Glasbauten. Vom Kuppeldach des majestätischen Parlamentsgebäudes blickt hier der berühmte Golden Boy über die Stadt. Und in der Winnipeg Art Gallery beheimatet die Kunstausstellung Qaumajuq die weltweit größte Sammlung an Artefakten der Inuit. Am Zusammenfluss von Red River und Assiniboine River liegt die National

Kulinarische Genüsse im Exchange District

Das Canadian Museum for Human Rights

Historic Site The Forks. Seit mehr als 6.000 Jahren nutzten die indigenen Völker dieses heilige Stück Land als Treffpunkt für Handel und Zeremonien. Heute ist The Forks ein beliebter Tummelplatz für Einheimische und Besucher. Auch das

legendäre Canadian Museum for Human Rights befindet sich hier. Mit seiner ausgefallenen Architektur ist es längst das Wahrzeichen in Winnipegs Skyline.

Doch nun auf zum Roadtrip! Rund 160 Kilometer westlich von Winnipeg liegt der **Spruce Woods Provincial Park,** der mit einem kontrastreichen Ökosystem überrascht. Neben blaugrünen Oasen aus Fichtenwäldern, Seen, Flüssen und Graslandschaften der Prärie gibt's hier sogar ein wüstenähnliches Gebiet mit Wanderdünen.

Die Spirit Sands waren einst eine heilige Stätte der Cree. Im Park gibt es tolle Pfade für kleinere Wanderungen und Spaziergänge. Wer nicht gut zu Fuß ist, kann die Gegend auch bei einer Fahrt im Pferde-

Wanderung durch die Spirit Sands

Planwagen erleben. Besucher dürfen sich außerdem auf Kanu- und Tretboot-Verleih auf dem Assiniboine River freuen. Aufgrund seiner Dunkelheit und des Fehlens künstlicher Lichtquellen ist der Spruce Woods Provincial Park auch als erstklassiger Ort für die Beobachtung des Nachthimmels bekannt – er ist Manitobas einziges Dark Sky Preserve.

Next stop: **Riding Mountain National Park.** Wie eine grüne Berginsel hebt sich diese Naturoase aus der flachen Prärielandschaft im Südwesten Manitobas empor. Wer von Osten in den Park hineinfährt, sollte den ersten Fotostopp direkt am historischen East Gate einlegen. Als wald- und seenreiches Hochplateau beheimatet der Park zahlreiche Tierarten – und zwar in hoher Dichte! Die Bisonherde am Lake Audy kann man direkt vom Auto aus beobachten.

Zentrale Anlaufstelle ist das charmante Ferienörtchen **Wasagaming** am malerischen Clear Lake. Hier gibt es Unterkünfte, Restaurants und Geschäfte für jeden Geschmack und Geldbeutel. Große Reisegruppen sucht man allerdings vergeblich, denn es sind eher die Locals, die hier Ihre Sommertage verbringen und die Natur des Parks bei Fahrradausflügen, Wanderungen oder Kanutouren genießen. Authentisches Kanada-Urlaubsfeeling!

Das historische East Gate am Riding Mountain National Park

Bärenmutter mit Jungen im Riding Mountain National Park

Der Leuchtturm auf Hecla Island

Mit schönen Eindrücken im Gepäck führt die Strecke nun durch die Interlake Region zum **Lake Winnipeg.** Fernab aller Ozeane erinnert der größte See Manitobas eigentlich eher an ein Meer, als an einen See. Südlich der Engstelle, die den See in zwei Hälften teilt, liegt der **Hecla-Grindstone Provincial Park.** Seine zauberhafte Landschaft ist geprägt von einer zerfurchten Inselwelt mit Kalksteinküsten, einsamen Stränden, üppigen Wäldern und Sumpfgebieten. Diese unterschiedlichen Lebensräume sind Heimat für eine Vielfalt an Säugetieren und Vogelarten, darunter eine beeindruckende Kolonie mächtiger Nashornpelikane. Szenerie und Tierwelt lässt sich am besten bei ausgedehnten Spaziergängen entlang der schroffen Kalk-

Der malerische Clear Lake

Auf dem Top of the World Trail im Whiteshell Provincial Park

steinküsten erkunden, z.B. entlang des Lighthouse Trails zum alten Hecla Lighthouse auf Hecla Island. Auf dieser Halbinsel ließ sich Ende des 19. Jahrhunderts eine isländische Gemeinde nieder, deren Geschichte noch heute in Hecla Village erzählt wird. Ein Stück weiter erreicht man den kleinen Hafen von Gull Harbour, wo man neben Fahrrädern auch Kajaks und Jetskis ausleihen kann.

Etwas weiter südlich liegt das kleine Küstenstädtchen **Gimli** mit seinem fast schon maritimen Ambiente. Der hübsche Yachthafen und der lange Sandstrand mit vielen Möglichkeiten für Wassersportaktivitäten laden zu entspannten Stunden ein.

Über den Dorothy Lake geht es nun in den **Whiteshell Provincial Park.** Seine felsige und waldreiche Landschaft mit rund 200 kristallklaren Seen eignet sich für allerlei Outdoor-Aktivitäten. Ob kühne Sprünge ins erfrischende Nass, Kanutouren oder Angeln, Wanderungen, Fahrradausflüge oder Ausritte auf der Falcon Beach Ranch – das Erlebnis in der Natur steht hier stets an erster Stelle. An den Bannock Point Petroforms kann man sich auf indigene Spu-

rensuche begeben. Diese heilige Stätte der Anishinabe beherbergt Steinformationen in Form von Schlangen und Schildkröten, die bereits vor Jahrhunderten an Ort und Stelle platziert wurden. Wer sich nun noch mit Ruhe und Muße in einer Blockhütte am See einquartiert, darf sich schließlich noch auf das typisch kanadische „Cabin Life" freuen!

Ausreichend erholt? Dann geht es nun auf dem Trans Canada Highway zurück nach Winnipeg. Insgesamt wurden bei diesem Roadtrip etwa 1.280 entspannte Kilometer zurückgelegt.

Maritimes Flair im Küstenstädtchen Gimli

Safari in Manitoba

Autor: Rasso Knoller

Eisbär in Churchill

Den afrikanischen Big Five – Elefant, Löwe, Leopard, Nashorn und Büffel – stellt die kanadische Provinz Manitoba ihre eigene, nicht weniger spektakuläre, Tierwelt entgegen. Hier begegnen einem Schwarzbären, Bisons, Elche, Belugawale und Eisbären.

Pat Rousseau führt durch den Riding Mountain National Park

Vom Flughafen in Winnipeg fährt der Bus erst einmal zweieinhalb Stunden über plattes Land, an riesigen Soja- und Getreidefeldern vorbei. Dann geht es eine kleine Anhöhe hinauf und urplötzlich verändert sich die Landschaft. Unmittelbar hinter dem Eingangstor zum Riding Mountain National Park beginnt dichter Wald. Wie eine Insel ragt er aus einem Meer von Feldern. Mit einer Fläche von knapp 3000 Quadratkilometern ist der Park um 20 Prozent größer als das Saarland.

Am Eingang erwarten uns Ian Thorleifson und Pat Rousseau, der eine groß und kräftig, der andere klein und hager. Die beiden als Rentner zu bezeichnen wäre zwar sachlich richtig, ginge aber an der Realität weit vorbei. Sie arbeiten als Freiwillige für den Nationalpark und machen einfach mit dem weiter, was sie während ihres

Schwarzbär im Riding Mountain National Park

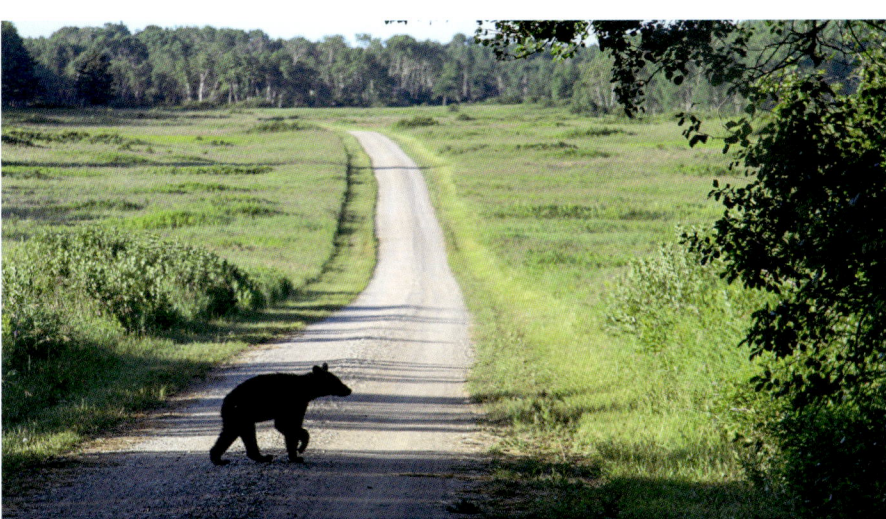

Berufslebens gemacht haben – Rousseau war Ranger, Thorleifson Biologe. Beide sind profunde Kenner der kanadischen Tierwelt. „In Ruhestand gehen wir nie, wir machen weiter bis wir tot umfallen", so die beiden unisono.

Pat erzählt gleich zur Begrüßung, von seinen Lieblingen, den Schwarzbären. Die seien alle sehr entspannt, versichert er. „Die Bären finden hier so viel Futter, dass sie keinen Nahrungsstress haben", erklärt er mit seiner tiefen Stimme, mit der er ver-

Bison im Riding Mountain National Park

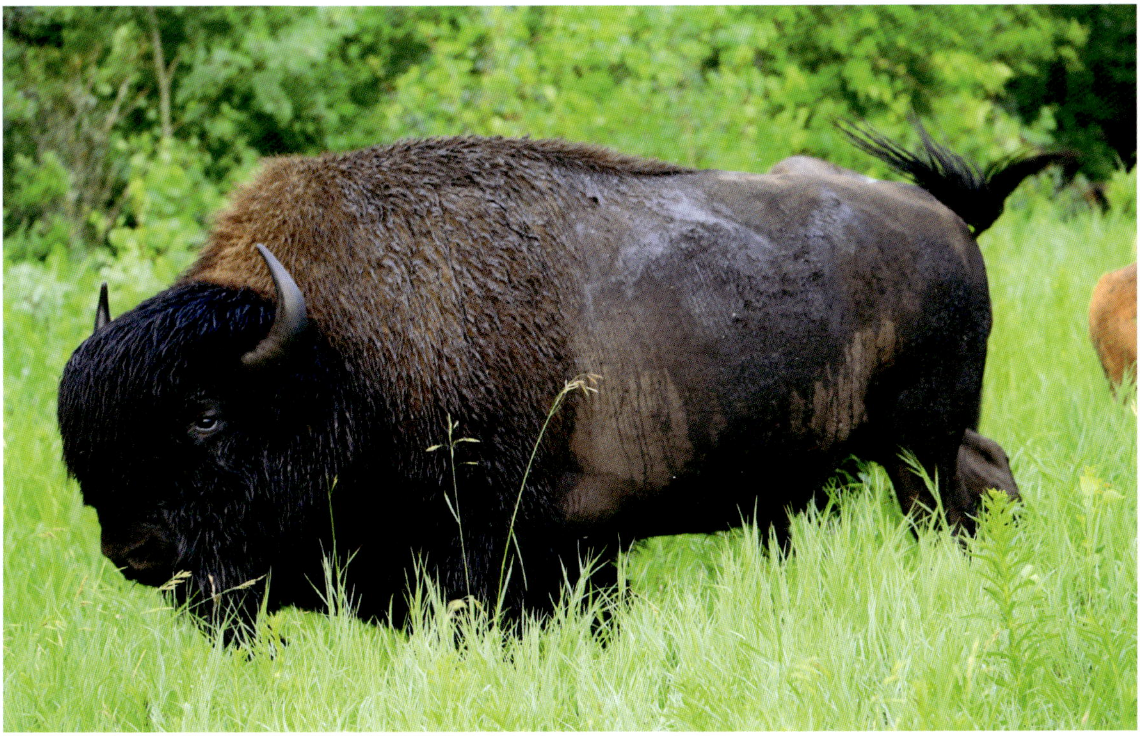

Elch im Riding Mountain National Park

mancher deutschen Metropole. Doch Ian kennt die Lieblingsstellen und weiß wo er sie suchen muss. Er erklärt, dass in den 1870ern noch 10 Millionen Bisons durch die nordamerikanische Prärie zogen, weniger als 20 Jahre später waren es nur noch 500 Tiere. Der Grund für das Massenschlachten war aber nur zum geringen Teil die Jagd nach den Häuten. Vor allem ging es darum, den First Nations die Nahrung wegnehmen. „Sie auszuhungern war einfacher als sie zu töten", so Ian.

Die Nummer Drei auf der Big Five Liste taucht erst am nächsten Tag auf: ein Elch. Pat, der Mann, der schon mit Schwarzbären gerungen hat, von einem Bison umgerannt und von einem Biber in die Hand gebissen wurde, gesteht: „Die einzigen Tiere, vor denen ich wirklich Angst habe, sind Elchkühe. Irgendwie scheinen die immer schlecht gelaunt zu sein."

Wale im Eisbärenland

mutlich auch großen Tieren Respekt einflössen kann. So als hätte er eine geheime Absprache mit ihnen, steht, wie bestellt, schon bald einer der „entspannten Bären" beim Beerennaschen am Wegesrand.

Die Bisons im Riding Mountain National Park leben in einem eingezäunten Gehege. Das ist zwar größer als die Fläche

Eisbären und Belugawale leben im Norden Manitobas in der Nähe der Kleinstadt Churchill. Die Wale treffen sich im Som-

Auf Belugatour im Sommer

mer zu hunderten in der Mündung des Churchill River zur Paarung. Auf einer Bootsfahrt kommt man den drei bis sechs Meter langen Tieren fast zum Greifen nahe. Die Farbe ihrer Haut verrät das Alter. Junge Tiere sind braun bzw. blaugrau gefärbt, erst als Erwachsene nehmen sie die Färbung an, wegen der man Belugas auch als Weißwale bezeichnet.

Weiß sind auch die Eisbären. Während ihnen das im Winter hilft, gut getarnt auf Jagd zu gehen, stechen sie auf den grünen Sommerwiesen deutlich heraus. Mit dem Tundra Buggy, einem Fahrzeug, das aussieht wie eine Kreuzung zwischen einem Panzer und einem amerikanischem Schulbus auf Riesenrädern, fährt man durchs Eisbärenland. Er bietet 40 Passagieren Platz und hat in seinem hinteren Teil in drei Metern Höhe eine Art Freiterrasse, von der aus man gefahrlos hinab auf die Bären schauen kann. Weil die genau wissen, dass sie an der Spitze der Nahrungspyramide stehen und niemanden fürchten müssen, laufen sie beim Anblick der robusten Fahrzeuge nicht davon. Im Sommer lungern vor allem die alten Männchen in der Nähe der Hudson Bay herum. Sie warten darauf, dass im Oktober das Wasser zufriert und der Weg zu ihren Jagdgründen draußen auf dem Eis, dort wo es dann „Seehund satt" gibt, wieder passierbar wird.

Manitobas Big Five Safari wird als Gruppenreise von Frontiers North Adventures angeboten *(frontiersnorth. com)*, buchbar z.B. bei den deutschen Kanada-Spezialisten SK Touristik *(sktouristik.de)* oder Meso Reisen *(meso-berlin.de)*.

Eisbär bei Churchill

Once in a *Lifetime*

Außergewöhnliche Abenteuer in Churchill

Nordlichter über Churchill

Nach Churchill führt keine Straße. Besucher erreichen den kleinen Ort am Rande der Arktis nur per Flugzeug oder auch mit der Eisenbahn. Manchmal legt ein Schiff an und verbindet den Norden der Provinz Manitoba im Herzen Kanadas mit dem Rest der Welt.

Eisbär bei Churchill

Churchill liegt direkt an der Hudson Bay, wo sich arktische Tundra und Taiga treffen. Das kleine Städtchen zählt nur 900 Einwohner (und ebenso viele Eisbären). Das Leben ist hart für die Einwohner in dem abgelegenen und verschlafenen Ort. Dennoch zählt Churchill zu den Hot Spots in Kanada. Denn in Churchill warten besonders außergewöhnliche Abenteuer auf Besucher.

Einfach riesig: Eisbären

Churchill nennt sich Polar Bear Capital of the World. Wer Eisbären in freier Wildbahn erleben will, der ist in Churchill definitiv am richtigen Ort. Von Juli bis November halten sich die größten Landraubtiere der Welt rund um Churchill auf. Die besten Chancen auf Sichtung bieten Oktober und November, denn zu dieser Jahreszeit friert die Hudson Bay zu und die Könige der Arktis warten am Ufer

Mit dem Tundra-Fahrzeug unterwegs zu den Eisbären

geduldig darauf, auf der zugefrorenen Bucht jagen zu gehen.

Churchill hat die höchste Konzentration an Eisbären weltweit. Rund 900 Tiere sind im Winter in und rund um Churchill unterwegs. Nicht auf einen Eisbären zu treffen: kaum möglich! Auf verschiedenen Touren erhalten Besucher die Gelegenheit, den Bären nahe zu kommen. Mit dem Helikopter etwa geht es entlang der Hudson Bay Richtung Wapusk National Park. Der Vorteil der Tour im Hubschrauber: Die Sichtung von oben ist einfacher als am Boden.

Wer es vorzieht, den gewaltigen Tieren auf Augenhöhe zu begegnen, der wählt eine Tour mit dem Tundra-Fahrzeug in die Churchill Wildlife Management Area mit Lazy Bear Expeditions, Frontiers North Adventures oder Great White Bear Tours oder entscheidet sich für eine Wanderung entlang der Hudson Bay mit Churchill Wild.

Absolut traumhaft: Belugawale

In der Hudson Bay verbringen die Weißwale (Belugas) ihren kurzen arktischen Sommer, um sich an den reichhaltigen Fischbeständen zu bedienen und ihre Jun-

gen zur Welt zu bringen. Dort lassen sich die freundlichen Wale aus der Entfernung fantastisch beobachten. Für Naturliebhaber ist es ein absoluter Traum, inmitten der faszinierenden Belugawale mit einem Kajak zu paddeln und die weißen Körper durch das klare Wasser schimmern zu sehen. Verschiedene Touren und Erlebnisse per Kajak, Paddle Board oder Zodiac Schlauchboot bieten Lazy Bear Expeditions, Sea North Tours und Churchill Wild.

Mit dem Kajak bei den Belugas

Nordlichter im Winter

lassen sich die fluoreszierenden Lichter, die den Himmel mit smaragdgrünen Streifen durchziehen, im 360-Grad Aurora Dome oder den bequemen Sesseln der warmen verglasten Kabine des Aurora Pods im Churchill Northern Studies Centre beobachten.

Voll elektrisierend: Nordlichter

Churchill liegt direkt unter dem Aurora Oval und gilt als weltweit einer der besten Orte zur Sichtung von Polarlichtern. An mehr als 300 Tagen im Jahr kann das unglaubliche Naturphänomen theoretisch gesichtet werden, als beste Monate gelten Februar und März. Ganz ohne kalte Füße

Ohne Worte: Hundeschlitten-Tour

Bei einer Fahrt mit dem Hundeschlitten durch die endlose Natur rund um Churchill werden selbst erfahrene Outdoor-Enthusiasten sprachlos wie beispielsweise bei einer Tour mit David Daley und Wapusk Adventures. Spannende Geschichten von Outdoor-Abenteuern in der weißen Weite Kanadas gibt's bei diesen Touren garantiert inklusive, denn David Daley ist der Erfinder des mehrtägigen Hundeschlitten-Rennens Hudson Bay Quest von Gillam nach Churchill und hat so einiges von seinen unglaublichen Erlebnissen zu erzählen. David ist Métis und lebt mit seiner Familie bereits seit Jahrzehnten in der Region – sicherlich gibt es hier kaum jemanden, von dem man lieber Geschichten über das Leben in Churchill hören würde.

Unterwegs mit dem Hundeschlitten

Dave Daley mit einem seiner Schlittenhunde

Bunt statt weiß:
Street Art in Churchill

Die so genannten Sea Walls in Churchill entstanden im Rahmen eines Street-Art Festivals, zu dem Künstler aus der ganzen Welt eingeladen wurden. Sie sollten Kunstwerke schaffen, die einschneidende lokale Ereignisse sowie den Klimawandel zum Thema machen. Denn der Klimawandel ist in Churchill mittlerweile deutlich spürbar. Kommt der Winter spät, friert auch die Hudson Bay später zu. Da das Eis auch immer früher schmilzt, sind die Tage der Eisbären auf dem Eis kürzer, also genau die Zeit, in der sie ihre Nahrung zu sich nehmen. Weniger Fressen bedeutet geringere Chancen auf ein Überleben in der Wildnis.

Murals finden sich überall in Churchill, die besten Orte für besondere Street-Art-Erlebnisse: Das Miss Peggy Flugzeugwrack, das Churchill Northern Studies Centre sowie das Zentrum von Churchill.

Lernen mal anders:
Das Churchill Northern
Studies Centre

Im Norden Kanadas, wo Taiga auf arktische Tundra trifft, steht das Churchill Northern Studies Centre, eine aktive Forschungsstation 23 Kilometer außerhalb Churchills, die Forscher aus der ganzen Welt anlockt. Besucher fahren meist zum

Die Sea Walls in Churchill thematisieren den Klimawandel

„Bildungsurlaub" in die Station, denn das Zentrum bietet die Möglichkeit, Experten zu treffen und von ihnen zu lernen.

Im Rahmen fünf- bis siebentägiger „Learning Vacations", die von Wissenschaftlern und fachkundigen Guides geleitet werden, erfahren die Teilnehmer mehr über die Kultur, die Geschichte und nicht zuletzt Flora und Fauna von Churchill und Umgebung. Es werden Programme zu den Themen Vogelbeobachtung, Belugas, Wildblumen, subarktische Ökologie, Nordlichter, Astronomie und – natürlich – Eisbären angeboten. Neu im Programm sind kürzere Tagesausflüge ins Zentrum ab Churchill.

Das Churchill Northern Studies Centre ist eine aktive Forschungsstation

Ruf des Nordens:
Manitobas unentdeckte Naturschätze

Sonnenaufgang an den Pisew Falls

Raus, einfach mal raus und weg von allem?! Wer die viel gepriesene „kanadische Einsamkeit" sucht und den Touristenströmen der Hot Spots aus dem Weg gehen möchte, findet im Norden Manitobas seine Erfüllung. Hier, wo die weite Landschaft von riesigen Flächen borealen Waldes, zahllosen Seen, Flüssen und Wasserfällen dominiert wird und schließlich in die subpolare Tundra übergeht, ist die Szenerie von menschenleerer Wildnis geprägt. Wohnmobil-Reisende finden wunderbare Campingplätze in den Provincial Parks, eine Mietwagen-Rundreise will aufgrund der begrenzten Auswahl an Übernachtungsmöglichkeiten dagegen gut geplant sein. Wer dem Ruf des Nordens folgt, darf sich auf Manitobas wahrhaft unentdeckte Naturschätze freuen.

Kristallklares, blaues Wasser soweit das Auge reicht... Wer sich beim Gedanken an

Glasklares Wasser am Clearwater Lake

den Ross Lake umgeben. Aber der Ausblick ist jede Anstrengung wert!

Im waldigen Norden Manitobas windet sich der Grass River durch die wilde Landschaft und stürzt dabei gleich mehrere Male in die Tiefe. An den Wekusko Falls im gleichnamigen Provincial Park, rund zwei Autostunden von The Pas und Flin Flon entfernt, rauscht der Fluss durch eine Reihe von Stromschnellen stolze 12 Meter hinab. Gleich zwei Hängebrücken überqueren die Kaskade an unterschiedlichen Stellen und bieten dabei eine einzigartige Perspektive zum Fotografieren.

In Blicknähe zum Wasserfall befindet sich ein kleiner Zeltplatz, der zu den schönsten in ganz Manitoba zählt! Wer etwas mehr Komfort sucht, kann auf den Full Service Campingplatz des Parks zurückgreifen, Bootsanlegestelle inklusive. Eine kurze Boots- oder Paddeltour über den Grass River zum Tramping Lake führt zu einem fast schon mystischen Ort, an dem der aufmerksame Beobachter indigene Piktogramme und prähistorische Felsmalereien findet. Sie stellen Szenen aus dem alltäg-

Traumhafte Ausblicke auf die Wekusko Falls

diese Szenerie angesprochen fühlt, wird den Clearwater Lake lieben! Er liegt im gleichnamigen Provincial Park unweit der Kleinstadt The Pas. Wie der Name schon vermuten lässt, ist das Wasser des Sees ausgesprochen klar – es heißt, er sei der klarste See in ganz Manitoba! Entstanden ist er durch den Einschlag eines Meteoriten. Mit einigen schönen Sandstränden lädt der See zum Baden ein und auch herrliche Wanderungen sind hier möglich. Den schönsten Ausblick auf den See gibt's am Caves Self-Guiding Trail.

Einen phänomenalen Ausblick auf das Städtchen Flin Flon an Manitobas Grenze zu Saskatchewan bietet eine Wanderung über den Flinty's Boardwalk and Trail. Auf 4,2 Kilometern gilt es so manches Hindernis zu überwinden, um die Spitze der vulkanischen Felsen zu erreichen, die hier

*Prähistorische Felsmale-
reien am Grass River*

lichen und spirituellen Leben der Prärie-
indianer dar. Der Verdacht liegt nahe, dass
die frühen Künstler beim Malen in einem
Kanu saßen, denn die Bilder befinden sich
direkt oberhalb der Wasserkante.

*Die beeindruckenden
Pisew Falls*

Der Grass River fließt schließlich weiter
durch den Setting Lake und die Stromschnellen der Sasagiu Rapids, bevor er im
Pisew Falls Provincial Park zu den bekann-
testen Wasserfällen Manitobas gelangt,
den Pisew und Kwasitchewan Falls. Hier,
rund 700 Kilometer nördlich der Provinzhauptstadt Winnipeg, zeigt sich Manitoba
von einer besonders schönen Seite. Die
Szenerie ist geprägt vom satten Grün des
borealen Waldes und dem rauschenden
Grass River, der sich mitten durch den
Park schlängelt. Gleich zwei Mal nimmt
das Wasser des Flusses hier ordentlich
Fahrt auf, um sich in tosenden Kaskaden
in die Tiefe zu ergießen.

Ein rund 22 Kilometer langer Rundwan-
derweg, der entlang des Grass Rivers
einer alten Pelzhandelsroute folgt, verbindet die beiden Wasserfälle. An den
Pisew Falls fällt der Fluss zunächst recht
plötzlich um gute 13 Meter ab, ändert
die Richtung und stürzt sich dann laut-
hals eine kleine Schlucht hinab. „Pisew"
stammt übrigens aus der Sprache der
Cree und bedeutet „Luchs". Das Zischen
der Pisew Falls erinnerte die Ureinwohner wohl an die hier heimische Wild-
katze. Die Kwasitchewan Falls wiederum
sind mit 14,2 Metern Höhe Manitobas
höchster Wasserfall! Wanderer, die über
Nacht Station machen möchten, können
die abgelegenen Zeltplätze am hinteren
Ende des Trails nutzen und sich vom
Rauschen des Wasserfalls in den Schlaf
wiegen lassen. Wer nicht wandern mag,
kann in der Nähe des Parkplatzes von einem Aussichtspunkt bereits einen tollen
Blick auf die Pisew Falls genießen!

Etwa 45 Autominuten weiter nördlich
liegt mit der Stadt Thompson das Tor zum
hohen Norden Manitobas. Hier kann man
Kanadas größtes Wandbild bewundern.
Mit einer Größe von 26 x 19 Metern ist
das überdimensionale Wolfsmotiv schon
von weitem zu sehen. Das Bild ist Teil
des Spirit Ways, einem zwei Kilometer
langen Spaziergang mit 16 Stationen, die
Thompsons Kulturerbe, Kunst, Industrie,
Geologie und Landschaft im Fokus haben.

Auch das neue Boreal Discovery Center oder das Heritage North Museum, welches einen kulturhistorischen Einblick in die Welt Nord-Manitobas liefert, sind hier einen Besuch wert.

Außergewöhnlich farbenfroh geht es am Little Limestone Lake zu! Der See liegt auf Höhe des Nordzipfels des Lake Winnipeg und gilt als einer der größten Kreide-Seen der Welt. Hier weht ein Hauch Karibik, wenn die Farbe des Sees im Sommer mit wärmer werdenden Temperaturen zu einem satten Türkis wechselt. Ein wahrer Schatz in Manitoba!

Fast schon karibisches Ambiente gibt es auch am Steep Rock am östlichen Ufer des Lake Manitoba. Auch hier leuchtet das Wasser türkisblau, eine einzigartige Klippen-Szenerie aus Kalksteinfelsen prägt die Landschaft und die felsigen Strände laden zum Sonnenbaden ein. An einer urigen Strandhütte werden kalte Getränke und Snacks angeboten sowie Kajaks und Kanus vermietet.

Kanadas größtes Wandbild auf dem Spirit Way in Thompson

Weitere Informationen über Manitoba unter *travelmanitoba.com.*

Farbspektakel am Little Limestone Lake

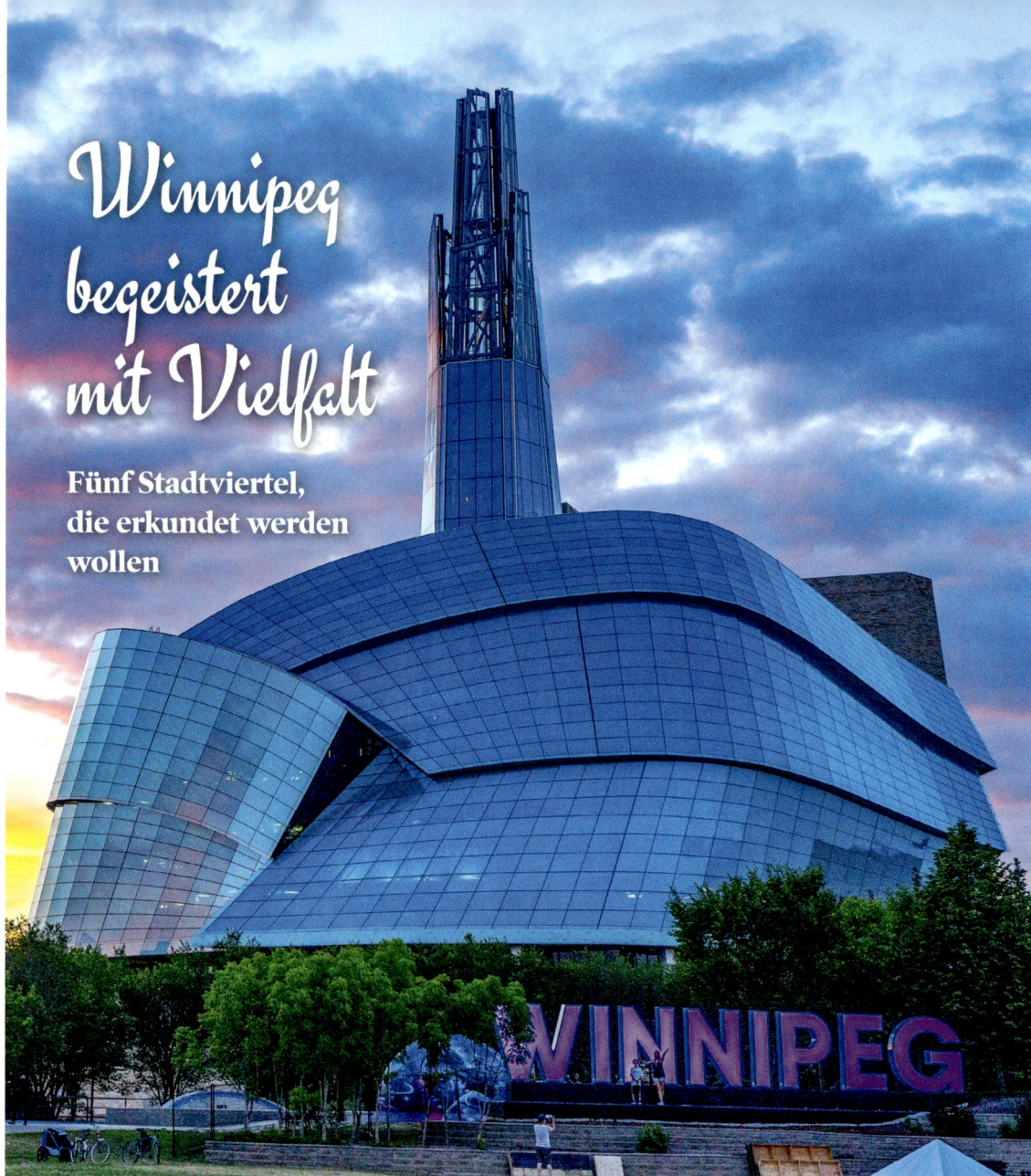

Winnipeg begeistert mit Vielfalt

Fünf Stadtviertel, die erkundet werden wollen

Das Canadian Museum for Human Rights in Winnipeg

Manitobas Provinzhauptstadt Winnipeg liegt voll im Trend! Die Metropole begeistert mit ihrem lebhaften Charme und der aufgeschlossenen Art ihrer rund 780.000 Einwohner. Viele abwechslungsreiche Viertel bieten eine aufregende Mischung aus Geschichte, Architektur, Shopping-Möglichkeiten, kulturellem Angebot und nicht zuletzt kulinarischen Überraschungen. Die folgenden fünf Stadtviertel wollen in Winnipeg unbedingt erkundet werden.

Exchange District

Nicht ohne Grund zählt das Exchange District als ehemaliges Handelszentrum Winnipegs zu Kanadas National Historic

Sites. Seine 150 historischen Gebäude erstrecken sich in 20 Wohnblocks links und rechts der Main Street. Sie entstammen der Zeit der Jahrhundertwende, als die damals schnell wachsende und florierende Stadt als Tor zum Westen Kanadas galt. Aufgrund dieser Bauten wird Winnipeg oft auch als „Chicago des Nordens" bezeichnet – die architektonische Ähnlichkeit der beiden Städte ist nicht von der Hand zu weisen. Einst beherbergten die stattlichen Gebäude Finanzinstitute. Heute sind sie Heimat des kulturellen Zentrums der Stadt mit inhabergeführten Boutiquen, Restaurants, Cafés und Galerien.

Der Exchange District lädt zum Einkaufsbummel ein

150 historische Gebäude befinden sich im Exchange District.

Einen spannenden Einblick in die faszinierende Geschichte und die Geheimnisse der kopfsteingepflasterten und baumgesäumten Straßen bekommt man bei einem historischen Rundgang mit einem Stadtführer von Exchange District Biz. Im Anschluss wartet so manch cooles Restaurant mit einigen der renommiertesten Küchenchefs der Stadt, darunter das deer + almond, das Clementine Café oder die Nonsuch Brewing Co. Wie wäre es dann mit einem legendären Milchkaffee im Parlour Coffee oder bei Colosimo Coffee Roasters?

Frisch gestärkt kann man in der Tara Davis Gallery oder der Boutique Anya nach lokal produzierten Schätzen stöbern. Wer noch mehr Zeit im Gepäck hat, darf sich

in der Galerie Urban Shaman auf zeitgenössische indigene Kunst freuen oder entlang der Uferpromenade zum Manitoba Museum schlendern. Aus einer naturkundlichen Perspektive wartet hier eine Zeitreise durch Millionen von Jahren quer durch die weiten und vielseitigen Landschaften der Provinz.

Auch der grüne Stephen Juba Park lädt zu einem Spaziergang ein und bietet dabei einen fantastischen Ausblick auf den Red River. Den besten Foto-Stopp im Exchange District gibt es übrigens am Old Market Square. Hier steht The Cube, ein futuristisch aussehender Riesenwürfel. Dieser dient nicht nur als Instagram-taugliche Kulisse, sondern auch als Bühne für große Festivals wie das Winnipeg Fringe Festival und das Winnipeg Jazz Festival.

The Cube dient auch als Bühne für große Festivals.

HOTELTIPPS IM EXCHANGE DISTRICT
- Mere Hotel: Boutique Hotel am Ufer des Red River, *merehotel.com*
- Fairmont Hotel Winnipeg: gehobenes Stadthotel mit eleganter Einrichtung, *fairmont.de/winnipeg*

WEITERE TIPPS
- The Exchange District Biz: *exchangedistrict.org*

*Downtown Winnipeg
bei Nacht*

Downtown

Bei einem Spaziergang durch Downtown Winnipeg fällt direkt die beeindruckende Architektur des Viertels ins Auge. Alten Gemäuern aus der Zeit der Jahrhundertwende und des frühen 20. Jahrhunderts stehen hier moderne Glasgebäude gegenüber – eine wirklich spannende Mischung! Bei Stadtführungen von Soncina Travel oder Square Peg Tours werden die historischen Sehenswürdigkeiten in Augenschein genommen. Dazu zählen z.B. das alte Bahnhofsgebäude der Union Station, das Fort Garry Hotel – ein ehemaliges Eisenbahnhotel im Chateau-Stil – oder auch das majestätische Parlamentsgebäude Manitoba Legislative Building. Von seinem Kuppeldach blickt der berühmte Golden Boy über die Stadt.

*Das Manitoba
Legislative Building*

Die Winnipeg Art Gallery mit dem neuen Inuit-Kunstmuseum Qaumajuq darf man bei einem Besuch dieses Stadtviertels auf keinen Fall verpassen. Qaumajuq beherbergt die weltweit größte öffentliche Sammlung an Kunstgegenständen der Inuit aus aller Welt. Diese werden in riesigen Galerieräumen und einer gigantischen gläsernen Kammer, die sich über mehrere Etagen erstreckt, ausgestellt. Ein wahrer Augenschmaus!

Downtown Winnipeg ist auch Heimat der legendären Winnipeg Jets. Das berühmte Eishockey-Team bestreitet seine Heimspiele im Canada Life Centre, wo außerhalb der Spieltage häufig auch hochkarätige Konzerte stattfinden. Gleich nebenan befindet sich der Gebäudekomplex des True North Square, dessen schicker Hargrave Street Market zum abendlichen Speisen einlädt. Beste Feinkost gibt es hier übrigens bei Motto-la Grocery und auch das lokale Bier der Lake of the Woods Brewing Co. sollte man sich nicht entgehen lassen.

Doch Downtown Winnipeg hat noch weitere kulinarische Überraschungen zu bieten. Zu den Geheimtipps zählen das Modern Electric Lunch mit seinen angesagten Sandwiches oder die Brunch-Klassiker im Stella's Café in der Kunstgalerie Plug In Institute of Contemporary Art. Wer es lieber altbewährt mag, sollte einen Fat Boy Burger im VJ's Drive-In probieren oder Take-Away bei den vielseitigen Foodtrucks bestellen, die sich entlang des Broadway Boulevards aufreihen.

HOTELTIPPS IN DOWNTOWN

- Fort Garry Hotel: ehemaliges Eisenbahnhotel mit historischem Charme, *fortgarryhotel.com*
- Delta Hotels by Marriott Winnipeg: Stadthotel mit Dachterrassen-Pool, *marriott.com/en-us/hotels/ywgdw-delta-hotels-winnipeg*

WEITERE TIPPS

- Soncina Travel: *soncinatravel.com*
- Square Peg Tours: *squarepegtours.com*
- Winnipeg Art Gallery/Qaumajuq: *wag.ca*

The Forks

Zwischen dem Exchange District und Downtown Winnipeg liegt ein Areal, das als The Forks bekannt ist und zu Kanadas National Historic Sites zählt. Seit mehr als 6000 Jahren ist dieses heilige Stück Land am Zusammenfluss von Red River und Assiniboine River für die indigenen Völker von großer Bedeutung. Jahrtausendelang nutzten sie es als Treffpunkt für Handel, Zeremonien und zur Besiedlung.

Heute ist The Forks ein beliebter Tummelplatz für Einheimische und Besucher zugleich. Durch seine unzähligen Einkaufsmöglichkeiten, Restaurants und Sehenswürdigkeiten fühlt es sich wie ein eigener Stadtteil an, in dem man problemlos einen ganzen Tag lang auf Erkundungstour gehen könnte. Eine geführte Tour von Parks Canada liefert reichlich Informationen über die Geschichte des Ortes. Alternativ kann man mit einer Audio-Tour auf eigene Faust auf Entdeckungsreise gehen. Auch der kultige, orangefarbene Nostalgie-Tramwagen der Winnipeg Trolley Company sammelt seine Gäste direkt am The Forks Market ein und bietet Touren durch die Stadt.

Die renovierten Räumlichkeiten des The Forks Market waren einst Stallungen der Eisenbahngesellschaft – der Bahnhof liegt nur ein paar Schritte entfernt. Heute laden dort eine ganze Reihe schöner Boutiquen und Kunsthandwerksläden zum Bummeln ein. In der Food Hall gibt es darüber hinaus eine wunderbare Auswahl an Restaurants. Die Tall Grass Bakery zählt zu einer der besten Bäckereien Manitobas und auch Fergie's Fish & Chips bietet mit heimischem Zander ein typisches Gericht der lokalen Küche. Im Herzen der Food Hall liegt außerdem das kultige The Common, eine Trend-Bar mit Sitzplätzen im Innen- und Außenbereich und einer sorgfältig ausgewählten Palette an Craft Bieren und Fassweinen.

Zu den weiteren Sehenswürdigkeiten von The Forks zählt natürlich auch das Canadian Museum for Human Rights, das mit

Die kultige Trend-Bar „The Common"

seiner ausgefallenen Architektur längst das Wahrzeichen in Winnipegs Skyline ist. Darüber hinaus befinden sich hier das Children's Museum, das Manitoba Theatre for Young People, das Riverstone Spa im Inn at the Forks sowie die indigene Versammlungsstätte Oodena Celebration Circle und einige indigene Skulpturen.

HOTELTIPP IN THE FORKS
- Inn at the Forks: modernes Boutique Hotel in bester Lage neben dem Canadian Museum for Human Rights, *innforks.com*

WEITERE TIPPS
- The Forks: *theforks.com*
- Canadian Museum for Human Rights: *humanrights.ca*

The Forks von oben

*Das Einkaufszentrum
Outlet Collection
bietet ein cooles
Shopping-Erlebnis.*

Direkt vor den Toren von Seasons of Tuxedo liegt FortWhyte Alive. Dieses stadtnahe Naturreservat bietet wunderschöne Spazierwege durch Prärielandschaften und Espenwälder, vorbei an Seen und über Stege – eine ideale Abwechslung, um sich an der frischen Luft zu bewegen. Besucher können hier Fahrräder oder Kanus mieten, um das Areal aus unterschiedlichen Perspektiven zu erkunden. Das Highlight ist eine Safari zu der hier heimischen Herde Präriebisons.

Seasons of Tuxedo

Mit namhaften Geschäften wie Cabela's für Outdoor-Abenteurer, IKEA für Fans von Wohn-Accessoires und SAKS OFF 5th für Modebegeisterte hat sich das Vorstadtviertel Seasons of Tuxedo im Südwesten Winnipegs zu dem Einkaufsziel der Stadt entwickelt. Ein cooles Shopping-Erlebnis bietet auch die Outlet Collection – ein schickes Einkaufszentrum mit Geschäften für jeden Geschmack, wie Under Armour, Kate Spade und Banana Republic. Nach dem Bummeln können sich die Kinder in Winnipegs größter Indoor-Spielhalle The Rec Room vergnügen. Hier gibt es auch eine Bowlingbahn und eine Virtual-Reality-Arena, die für abendfüllende Unterhaltung sorgen.

HOTELTIPPS IN SEASONS OF TUXEDO

- Hyatt House Winnipeg South / Outlet Collection, *hyatt.com/en-US/hotel/canada/hyatt-house-winnipeg-south-outlet-collection/ywgxw*
- Hilton Garden Inn Winnipeg South, *hilton.com/en/hotels/ywgmngi-hilton-garden-inn-winnipeg-south/*

Beide Hotels liegen fußläufig zu den Einkaufserlebnissen in diesem Stadtteil.

WEITERE TIPPS

- Outlet Collection Winnipeg: *outletcollectionwinnipeg.com*
- Fort Whyte Alive: *fortwhyte.org*

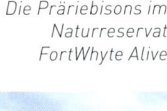

*Die Präriebisons im
Naturreservat
FortWhyte Alive*

St. Boniface

St. Boniface ist das französischsprachige Viertel Winnipegs und bietet jede Menge frankophoner Geschichte, Architektur und Kultur. Sobald man die beeindruckende Fußgängerbrücke Esplanade Riel überquert, die den Red River überspannt und The Forks und Downtown Winnipeg mit St. Boniface verbindet, fühlt man sich wie in einer anderen Welt. Die vielen Essensbuden, die hier von örtlichen französischsprachigen Unternehmern betrieben werden, bieten dabei eine wunderbare kulinarische Komponente.

Die Erkundung dieses Stadtteils beginnt man am besten am Informationszentrum im ehemaligen Rathaus von St. Boniface am Provencher Boulevard. Hier erhält man erste Informationen, kann einen Rundgang buchen oder per Dokumentarfilm mehr über die Geschichte und leidenschaftliche Lebensart der frankophonen Gemeinde Manitobas erfahren. Auch ein Besuch der Kunstgalerie La maison des artistes visuels francophones ist empfehlenswert – sie ist die einzige Galerie in Westkanada unter frankophoner Leitung. Ein Stück weiter die Straße hinunter befindet sich im Centre culturel Franco-Manitobain das Théâtre Cercle Molière, welches französischsprachige Performance-Kunst auf die Bühne bringt.

Das Musée de Saint Boniface befindet sich im ältesten Gebäude Manitobas. Es wurde vor mehr als 170 Jahren errichtet und war ursprünglich ein Kloster. Heute ist es voll von frankophoner Geschichte und Kunst, darunter eine Dauerausstellung über den Métis Louis Riel, Gründervater der Provinz Manitoba. Das Museum bietet im Sommer auch Führungen durch das Viertel an. Nur einen Häuserblock entfernt liegt die Saint Boniface Cathedral. Die heutige Kirche wurde im Jahr 1971 erbaut, nachdem ein Feuer den Großteil der ursprünglichen Kathedrale niedergebrannt hatte. Die alte Fassade aus dem Jahr 1894 steht noch immer vor dem modernen Gebäude und ist ein Muss für jeden Foto-

Die beeindruckende Fußgängerbrücke Esplanade Riel

grafen. Auf dem Friedhof vor der Kirche befindet sich der Grabstein von Louis Riel. Eine Gedenktafel erinnert hier an sein Leben und sein Vermächtnis.

Zu guter Letzt darf die kulinarische Seite des frankophonen Lebensstils in St. Boniface nicht zu kurz kommen. Zu den leckeren Backwaren von La Belle Baguette passt wunderbar ein Caffè Latte des Café Postal. Am Abend ist die Einkehr im alten Zugwaggon von Resto Gare ein ganz besonderes Erlebnis. Und in der Craft Brauerei Kilter Brewing Company kann man den Tag dann schließlich bei einem frisch gezapften Bier ausklingen lassen.

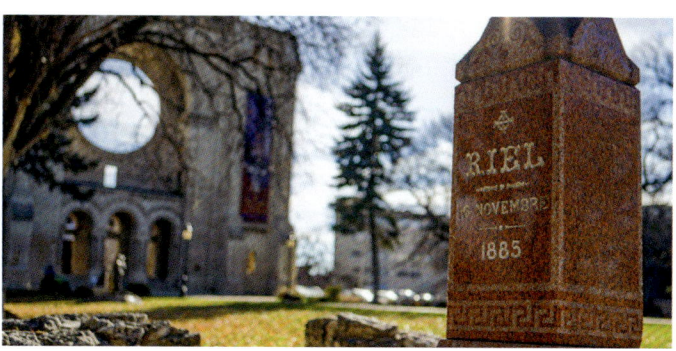

Der Grabstein von Louis Riel

TIPPS IN ST. BONIFACE
- Musée de Saint Boniface: *msbm.mb.ca*
- Saint Boniface: *passionethistoire.ca*

Indigene Geschichte(n) in Manitobas Museen und Kunstgalerien

Ein Ort wider das Vergessen: National Indigenous Residential School Museum of Canada

Mehr als 60 Jahre lang trug das dreistöckige Backsteingebäude in der Nähe von Portage la Prairie zu einem der beschämendsten Kapitel Kanadas bei – es beheimatete das System der „Residential Schools". So nannte man die bis zu 3000 internatsähnlichen Institutionen in ganz Kanada, in denen als Folge der Kolonialpolitik ab der zweiten Hälfte des 19. Jahrhunderts bis ins Jahr 1996 ausschließlich indigene Schüler zwangsweise untergebracht und unterrichtet wurden. Mehr als 150.000 Kinder wurden in dieser Zeit von ihren Familien getrennt und damit von ihrer Kultur und ihrer Muttersprache ferngehalten. Diese Umerziehungsmaßnahmen führten über Generationen zu einer nachhaltigen Entwurzelung und dem Verlust von traditionellem Wissen, von Lebensweise, Sprache und Familienstrukturen sowie der Verbundenheit zum Land.

Inzwischen hat sich das Rufus Prince Building – benannt nach einem Überlebenden der Portage la Prairie Indian Residential School, der im Zweiten Weltkrieg diente und schließlich Häuptling der Long Plain First Nation wurde – von einem Ort des Schmerzes in einen Ort der Aufarbeitung verwandelt. Im Inneren des Gebäudes befindet sich das National Indigenous

Kunstinstallationen, die innehalten lassen. Interaktive Ausstellungen, die zum Nachdenken anregen. Freudige Entdeckungen von Geschichten, die mancher bereits zu kennen glaubte. All das findet man in Manitoba, wenn man indigene Stätten und Sehenswürdigkeiten besucht und dabei ein besseres Verständnis für die gemeinsame(n) Geschichte(n) und die einzigartigen Kulturen der Provinz entwickelt.

Ein Besuch in Manitoba bedeutet eine Reise durch das Gebiet von Treaty 1, 2, 3, 4, 5, 6 und 10 – d.h. sieben der insgesamt elf „Numbered Treaties", die von 1871 bis 1921 zwischen der kanadischen Regierung und verschiedenen indigenen Gruppierungen geschlossen wurden – und somit im traditionellen Land der Anishinabe, Anish-Ininiwak, Cree, Oji-Cree, Dakota, Dene, Ininiwak und Nehethowuk sowie in der Heimat der Métis, den Nachkommen von indigenen Frauen und europäischen Pelzhändlern.

Residential School Museum, wo Artefakte, Bilder und Dokumente an die Schulbesucher erinnern und die Überlebenden auf ihrem Weg der Heilung unterstützen. Gleichzeitig stellt das Museum eine Hommage an die Geschichte der Ureinwohner dar, an ihre lebendige Kultur, ihre Geschichten und Sprachen.

Ein Ort für indigene Geschichten: Canadian Museum for Human Rights

In der Provinzhauptstadt Winnipeg ist die Galerie für indigene Perspektiven im Canadian Museum for Human Rights ein Ort mit Tiefgang, an dem die Geschichte und Geschichten der Ureinwohner erzählt werden. Der eigens dafür eingerichtete Ausstellungsbereich ist komplex, manchmal unbequem und immer

eindrucksvoll, aber er ist nicht der einzige Ort des Museums, an dem die Geschichten der Ureinwohner erzählt werden. In der gesamten Ausstellung kollidiert die Geschichte der kolonialen Verletzungen mit beeindruckenden Kunstwerken und zum Nachdenken anregenden Bildern, was einen modernen und sich ständig weiterentwickelnden Blick auf die Menschenrechte bietet. Man sollte sich unbedingt etwas Zeit nehmen, um in die vielfältigen Erfahrungen indigener Völker einzutauchen und auf unerwartete Enthüllungen zu treffen.

Ein Ort für zeitgenössische indigene Kunst: Urban Shaman

Seit dem Jahr 1996 ist Winnipegs Urban Shaman Contemporary Aboriginal Art Gallery der beste Ort, um einen Blick auf die zeitgenössische Kunst der First Nations, Métis und Inuit zu werfen. Das von Künstlern geführte Zentrum zeigt Bizarres und Schönes und stellt die Vorstellungen der Menschen von indigener Kunst in Frage. Von Ausstellungen über die Geschich-

te der Birkenrindenrollen bis hin zur Erforschung der traditionellen Weberei als Medium zum Geschichtenerzählen – die Galerie ist die erste Adresse für inspirierende und überraschende indigene Kunst. Eine erste Vorschau gibt es auf der Website der Galerie (*urbanshaman.org*), die neben Englisch auch in den Sprachen Cree, Ojibwe, Dakota, Dene, Michif, Oji-Cree und Inuktitut informiert.

Die weltweit größte zeitgenössische Kunstsammlung der Inuit: Qaumajuq

Es handelt sich um die größte öffentliche Sammlung zeitgenössischer Inuit-Kunst in der Welt. Qaumajuq ist Teil der Winnipeg Art Gallery und beherbergt

14.000 Exponate, darunter Schnitzereien, Zeichnungen, Drucke und Textilien, die die Geschichte der Menschen des Nordens erzählen. Die unverwechselbare weiße Steinfassade des Gebäudes spiegelt die Weite der Landschaft wider, während die Besucher

im Inneren von einer dreistöckigen Kammer aus Glas mit Tausenden von Inuit-Schnitzereien empfangen werden. Einen ersten Eindruck von der Ausstellung vermitteln die Außenprojektionen zeitgenössischer Inuit-Kunstwerke und -Bilder, die allabendlich über die Fassade tanzen.

Ein Ort für die Geschichte des Handels: die HBC Gallery

Die Geschichte des ältesten Handelsunternehmens Kanadas – die Hudson's Bay Company – und ihrer komplizierten Beziehung zu den indigenen Völkern wird in der HBC Gallery im Manitoba Museum in Winnipeg erzählt. Man geht davon aus, dass min-

destens die Hälfte der Artefakte durch Kauf, Handel, zeremoniellen Gabentausch und Schenkungen von Pelzhändlern und ihren Familien erworben wurde. Sie veranschaulichen den Alltag der Pelzhandelsära.

Ein zeitloser Ort: Thompson

Die Blockbauten, in denen das Heritage North Museum in Thompson untergebracht ist, tragen zum authentischen nördlichen Flair dieses Ortes bei. Sie sind mit Artefakten aus der Geschichte des Pelzhandels in der Region, einem Diorama des borealen Waldes und einem Tipi aus Karibu-Fell ausgestattet. Unter freiem Himmel erinnert eine Schmiede an die Zeit, in der die Dinge noch von Hand, mit Sorgfalt und Handwerkskunst hergestellt wurden. Und der Museumsshop ist einer der besten Orte in der Stadt, um ortstypische Souvenirs wie Wildreis, Pelzprodukte, Arctic Gold

Honey und die Werke lokaler Künstler zu kaufen, die von den Polarlichtern, den tiefen, dunklen Wäldern und der reichhaltigen Tierwelt inspiriert wurden.

Ein Ort, der boomte: Cranberry Portage

Vor fast einem Jahrhundert gab es in der Stadt Cranberry Portage im Norden Manitobas gerade mal sechs Geschäfte, acht Restaurants, zwei Theater, ein Hotel und eine Wochenzeitung. Als jedoch die Goldschürfer auf der Suche nach Schätzen in den Norden zogen, wurde die Stadt zum Inbegriff einer Boomtown. Aber bereits davor war dieser Ort eine wichtige Portage zwischen den Wassereinzugsgebieten des Grass River und des Saskatchewan River, die von indigenen Reisenden rege genutzt wurde. Diese und weitere Geschichten werden im Cranberry Portage Heritage Museum erzählt, das im stillgelegten Bahnhof der Stadt untergebracht ist.

Ein Muss in Churchill: Itsanitaq

Auf Inuktitut, der Sprache der Inuit, bedeutet Itsanitaq „Dinge aus der Vergangenheit". In diesem ganz besonderen Museum in Churchill findet man atem-

beraubende Inuit-Schnitzereien, Kleidung, Werkzeuge, Boote und einige wirklich einzigartige Artefakte, wie beispielsweise eine winzige Schnitzerei, die aus den Zähnen des Schnitzers selbst gefertigt wurde. Die Sammlung zählt zu den weltweit schönsten und ältesten ihrer Art und umfasst Exponate aus verschiedenen Epochen. Im Museumsshop gibt es eine beeindruckende Auswahl an Büchern über den Norden Kanadas, viele in Handarbeit gefertigte Artikel der Inuit, schöne Kunst- und Postkarten sowie Leckereien aus lokalen Wildbeeren und sogar Gelee aus Fireweed, dem arktischen Weidenröschen.

Ein Ort über das Leben von Louis Riel

Er hat einen besonderen Platz in der Geschichte und in den Herzen der Menschen in Manitoba: Louis Riel.

Als Anführer der Métis, d.h. der Nachfahren europäischer Pelzhändler und Frauen indigener Abstammung, gelang es ihm in der Red River Widerstandsbewegung, eine eigene Provinz innerhalb der Dominion of Canada zu erkämpfen. Er wurde Vorsitzender der provisorischen Regierung, der ersten demokratisch gewählten Regierung im Rupert's Land, und handelte 1870 den Beitritt Manitobas als erste westliche Provinz in die kanadische Konföderation aus. Er gilt daher bis heute als Gründervater Manitobas.

Ein Besuch der Riel House National Historic Site gibt einen persönlichen Einblick in das Leben von Louis Riel. Das restaurierte Wohnhaus, in dem Nachkommen der Familie Riel bis zum Jahr 1969 lebten, stellt die einzigartige Mischung aus indigenen und europäischen Völkern, aus der die Métis Nation entstand, unter Beweis.

Auf den Spuren von Louis Riel

Auch im St. Boniface Museum ist der Geist von Louis Riel allgegenwärtig. Es befindet sich in einem der ältesten Gebäude der Stadt, das ursprünglich ein Kloster der Grauen Nonnen (Sisters of Charity) war und später als Krankenhaus und Schule genutzt wurde. Auch Riel war hier einst Schüler. Das Museum bietet verschiedene Führungen an. Beim Moccasin Walk

erfährt man viel über das Leben der Métis und ihre Sprache Michif. Die Friedhofstour umfasst dagegen die Erkundung des ältesten Friedhofs Westkanadas mit einer sehr wichtigen Grabstätte – der von Louis Riel.

Abseits der ausgetretenen Pfade:

Abenteuer in der
Wildnis Saskatchewans

*Der Amisk Lake,
ein echter Geheimtipp
für Paddler*

Im Hinterland Saskatchewans gibt es abseits der ausgetretenen Pfade so manchen Ort, der sich als wahres Juwel entpuppt und dabei trotzdem zumeist nur den Einheimischen bekannt ist. Ein Abstecher zu den folgenden Naturschauplätzen macht den Weg frei für weniger bekannte, aber umso lohnenswertere Abenteuer zu Wasser oder an Land. Jeder dieser Orte zeichnet sich durch ein einzigartiges, aber gleichsam empfindliches Ökosystem aus. Daher gilt für abenteuerlustige Paddler und Wanderer: Take nothing but memories, leave nothing but footprints!

Geheimtipps für Paddler

Amisk Lake: Der Amisk Lake ist ein bemerkenswerter Ort im Nordosten Saskatchewans. Der See ist Teil einer historischen Pelzhandelsroute und beheimatete in den 1770er Jahren einige Handelsposten, darunter eine Niederlassung der berühmten Hudsons Bay Company. Jahrhunderte später entwickelte sich der See aufgrund des reichhaltigen Goldvorkommens in der Region zu einem wahren Zentrum von Goldminen.

Naturgenuss pur mit dem Kanu im Prince Albert National Park

Der Amisk Lake ist gespickt mit kleinen Inseln und spannenden Orten. Bei einer Kanutour kann man diese kaum verpassen, ganz egal in welche Richtung man lospaddelt. Auf keinen Fall versäumen sollte man die spektakulären Kalkstein-Felsspalten südlich von Denare Beach. Über Kilometer ziehen sich einzeln stehende Felsen und Höhlen entlang der Küste und bieten ein wahres Paradies für Abenteurer auf der Suche nach Fossilien. Einst befand sich an diesem Ort ein Meer. Der Kalkstein, der aus Korallenriffen entstand, wurde über Jahrtausende hinweg durch Auftauen und Gefrieren auseinandergebrochen. Noch heute kann man Eis am Grund des Sees sehen, sogar im Juli.

Denare Beach ist ein geeigneter Ort, um an der nordöstlichen Seite des Sees das Kanu zu Wasser zu lassen. Lokale Anbieter vermieten hier direkt vor Ort die benötigte Ausrüstung. Die Kanu-Route rund um Missi Island ist eine großartige drei- bis viertägige Paddeltour. Am südlichen Ende des Sees stößt man in der Nähe des Sturgeonweir River auf Felsmalereien. Der Fluss selbst bietet seine ganz eigenen Abenteuer. Mutige Paddler können seine Stromschnellen passieren, Anfänger sollten ihr Kanu an den größeren Stromschnellen allerdings lieber über eine Portage tragen.

North Saskatchewan River: Der North Saskatchewan River bietet ein beeindru-

Backcountry für Anfänger – die Wanderung zur Grey Owl Cabin

ckendes Paddelrevier inmitten der Prärie. Einmal auf dem Wasser, sind die typischen landwirtschaftlichen Felder der Provinz nicht mehr zu sehen, sondern liegen versteckt hinter den üppigen, von Bäumen gesäumten Flussufern.

Prince Albert eignet sich als Ausgangspunkt für eine zweitägige Paddeltour zur Flussgabelung, an der sich der Saskatchewan River in einen nördlichen und südlichen Fluss teilt. In Prince Albert sollte man sich östlich der Stadt links halten, um das Wehr zu umgehen. Zur benötigten Ausrüstung gehören unbedingt wasserdichte Taschen, denn dieser Abschnitt des Flusses weist einige Passagen auf, die in der Wildwasserschwierigkeitsskala bereits zur Kategorie II zählen.

Entlang der Strecke passiert man auch einige bebaute Gebiete. Der Staudamm La Colle Falls Dam ist ein historisches Wasserkraftprojekt, das im Jahr 1909 ins Leben gerufen, aber bereits 1913 vor Vollendung wieder gestoppt wurde. Das „Skelett" des Staudamms reicht noch heute lediglich zur Hälfte über den Fluss. Wer hier eine Pause einlegen möchte, sollte bereits vor Erreichen des Bauwerks an Land gehen.

Die Paddeltour endet kurz vor der Flussgabelung. Sobald das Kanu aus dem Wasser gezogen wurde, wartet ein steiler Fußmarsch hinauf zu einem Parkplatz, der den Paddlern nochmal einiges abverlangt.

Geheimtipps für Wanderer

Prince Albert National Park: Der Prince Albert National Park ist ein Muss auf jeder Saskatchewan-Reise. Ein fast 4000 Quadratkilometer großes Naturjuwel, das als Tor zum wilden und waldigen Norden Saskatchewans bezeichnet wird. Hier, am südlichen Zipfel des größten Waldgebietes Kanadas, findet man ein Mosaik aus Wäldern, Tundramoos und Seen, das den borealen Nadelwald ausmacht und an Schönheit kaum zu übertreffen ist.

Bei einem Wanderwege-Netz von mehr als 150 Kilometern Länge ist es ein Leichtes, eine geeignete Route zu finden und im eigenen Tempo zu wandern. Es gibt 19 ausgewiesene Wanderwege unterschiedlicher Längen und Schwierigkeitsgrade – von kurzen Spaziergängen über Tageswanderungen bis hin zu mehrtägigen Touren im Hinterland. Alle Wanderwege, darunter der Boundary Bog Trail, Red Deer Trail, Narrows Peninsula Trail sowie der Waskesiu River Trail, bieten atemberaubende Ausblicke, exzellente Möglichkeiten zur Tierbeobachtung, eine üppige Vegetation und so manch andere Entdeckung.

„Backcountry für Anfänger" – so könnte man die Wanderung zur Grey Owl Cabin im Hinterland des Prince Albert National Parks nennen. Der gut ausgeschilderte Weg führt zur berühmten Hütte des englisch-stämmigen Trappers Archie Belaney, der sich in den 1930er Jahren als Halbblut ausgab und unter dem Namen „Grey Owl" bekannt wurde. Während seiner Zeit im Prince Albert National Park entwickelte er sich zu einem der ersten Umweltschützer des frühen 20. Jahrhunderts. Mit Frau und Tochter sowie einer Biber-Familie lebte Grey Owl in einer kleinen Hütte am Ufer

Wanderung auf dem Narrows Peninsula Trail

Im Prince Albert National Park gibt es perfekte Angelreviere ...

Rice River: Das Rice River Canyon Ecological Reserve liegt an der nordwestlichen Seite der Pasquia Hills. In den letzten 12.000 Jahren hat der Fluss hier ein beeindruckendes Tal ausgehöhlt. Bis zu 120 Meter hoch über das Flussbett ragen die felsigen Ufer hinauf.

Der Weg zur Flussgabelung entspricht einer Wanderung von neun Kilometern Länge, die auch für ungeübte Wanderer gut zu bewältigen sind. Wasserfeste Wanderschuhe sind empfehlenswert, denn einen richtigen markierten Weg gibt es hier nicht. Es ist einfacher, dem Fluss zu folgen (und auch durch den Fluss zu gehen!), als durch den Wald zu streifen. Wanderstöcke werden empfohlen, da die Steine im Flussbett rutschig sein können und oft nicht so fest verankert sind, wie sie scheinen.

Boreal Trail: Der Boreal Trail im Meadow Lake Provincial Park ist der längste Wanderweg Saskatchewans. Auf 135 Kilometern schlängelt er sich von Ost nach West durch üppige Wälder, vorbei an glitzernden Seen und entlang des gewundenen Flusslaufs des Waterhen River. Der Boreal Trail bietet Touren für jeden Abenteuer-Typen. Je nach Fitness-Level und Lust am Wandern kann er in kurzen Tagesetappen bei kleineren Spaziergängen oder im Rahmen einer mehrtägigen

des Ajawaan Lake. Um diese im Rahmen eines Rundweges zu erreichen, müssen stolze 40 Kilometer zurückgelegt werden.

Nach einem Tag voller Outdoor-Abenteuer in der Wildnis darf man sich auf ein wenig Zivilisation und Komfort in der charmanten Waskesiu Townsite freuen, touristisches Zentrum des Parks am Ufer des Waskesiu Lake. Beim Bummel durch die kleinen Läden locken Sommermode und Souvenirs und die vielen lokalen Restaurants tischen zu einem leckeren Abendessen auf. Zum Nachtisch gibt's ein selbstgemachtes Eis auf die Hand, das beim Spaziergang über die Mole mit Blick auf den weitläufigen Strand genossen werden kann. So darf ein erlebnisreicher Urlaubstag gerne ausklingen...

Ein erfrischendes Bad im Waskesiu Lake

Üppige Wälder und glänzende Seen locken auf dem Boreal Trail

Backcountry Tour, also quasi in einem Schwung von einem Ende zum anderen, erobert werden.

Jeder Wanderer kann selbst entscheiden, wo er beginnen und wie weit er gehen möchte. Der Trail führt entlang eines Systems markierter Pfade, die acht der Frontcountry Campingplätze des Parks verbinden. Hier erwartet den Wanderer ein gewisser Komfort, die Vorräte können aufgefüllt und die Muskulatur bei einer heißen Dusche entspannt werden. Wer es etwas ursprünglicher haben möchte, der errichtet sein Nachtlager vielleicht lieber auf einem der zahlreichen Backcountry Campingplätze inmitten der Wildnis. Wer es nicht zu einem ausgewiesenen Zeltplatz schafft, darf sein Zelt auch direkt am Wanderweg aufschlagen, wobei offenes Feuer hier jedoch verboten ist.

Das schönste Panorama gibt's am Zeltplatz Wolf Bay, denn dieser bietet einen malerischen Blick auf die nordwestliche Seite des Lac des Isles. Vom Humphrey Tower genießt man darüber hinaus einen einzigartigen Ausblick über die Baumwipfel. Der Turm befindet sich zwischen Sandy Beach und Howe Bay.

Egal wohin der Weg auch führt, ein unvergessliches Erlebnis ist jedem Wanderer auf dem Boreal Trail gewiss!

Weitere Informationen über Saskatchewan: *tourismsaskatchewan.com.*

Sattelfest
in Saskatchewan

Vom stressgeplagten Urlauber zum gelassenen Cowboy auf Zeit

Knisterndes Lagerfeuer, eine dampfende Tasse handgebrühter Kaffee und die Silhouette eines friedlich grasenden Pferdes, die sich vor einem Bilderbuch-Sonnenuntergang in der Prärie abzeichnet.... Kitsch?? Nein! Waschechtes Cowboy-Feeling auf einer Guest Ranch in Kanadas sonniger Mitte!

Pferde und Rancher spielten seit jeher eine wichtige Rolle bei der Entwicklung Westkanadas und der Gründung Saskatchewans. Auch heute noch ist die Rinderzucht von entscheidender wirtschaftlicher Bedeutung für die aufstrebende Präerieprovinz. Viele der Viehzüchter führen noch immer ein echtes Cowboy-Leben.

Authentizität wird auch auf Saskatchewans Guest Ranches großgeschrieben. Jede für sich hat ihre ganz besondere Eigenart, doch eines haben sie gemeinsam: Urlauber dürfen hier waschechtes Cowboy-Feeling und Lagerfeuerromantik hautnah erleben! Ausritte durch die faszinierende Präerielandschaft, Pflege des „eigenen" Pferdes, aber auch echte Mitarbeit beim Zusammentrieb der Herden oder Brandmarkung der Rinder bieten eine wunderbare Möglichkeit, dem Alltag zu entfliehen und in ein komplett anderes Leben einzutauchen, seinen inneren Cowboy zu entdecken und die eigene Gelassenheit wiederzufinden.

Lagerfeuer-Romantik auf der La Reata Ranch

La Reata Ranch

Idyllisch und völlig abgeschieden liegt die La Reata Ranch im Südwesten der Provinz, etwa zwei Autostunden südlich von Saskatoon in den Rolling Prairies direkt am Lake Diefenbaker. Hier kommen alle Nachwuchs-Cowboys voll auf ihre Kosten. Für jeden Gast hält der deutschstämmige

Rancher George das richtige Pferd bereit, egal ob Anfänger oder erfahrener Reiter.

Die täglichen Ausritte führen durch die offene Prärielandschaft, über die hügeligen River Hills mit ihren unzähligen Canyons und über die sanft abfallenden Sandstrände des Lake Diefenbaker. Eine wahrhaft traumhafte Kulisse! Wer eine Pause vom Reiten braucht, kann sich beim Kanufahren, Angeln oder Schwimmen im glitzernden See entspannen – immerhin gehören 14 Kilometer Seeufer zur La Reata Ranch.

Am Abend treffen sich Gäste und Nachbarn im La Reata Saloon zu geselligen Stunden bei Billard, Kickerspiel oder Dart und so mancher Cowboy-Geschichte. La Reata ist eine Working Cattle Ranch, auf der Mitarbeit ausdrücklich erwünscht, aber nicht verpflichtend ist. Bei allen Tätigkeiten geben die Jahreszeiten und der Rhythmus der Rinderherde den Takt vor. Besondere Momente sind sicherlich der Roundup im Herbst, wenn die Herde von den Weiden zurück zur Ranch getrieben wird oder das Branding der Jungtiere im Frühjahr.

Die Historic Reesor Ranch am Nordhang der Cypress Hills

Ausritt auf der Historic Reesor Ranch

Historic Reesor Ranch

Die historische Reesor Ranch liegt dagegen ganz versteckt in einem landschaftlich reizvollen Tal am Nordhang der Cypress Hills. In dieser malerischen Gegend im Südwesten Saskatchewans, rund vier Autostunden westlich der Hauptstadt Regina, trifft die weite, offene Prärie auf majestätische Kiefernwälder. Seit dem Jahr 1904 ist die Ranch im Besitz der Familie Reesor, die sie inzwischen in fünfter Generation bewirtschaftet.

Die Reesors bieten den Gästen ihrer Working Ranch authentisches Ranch-Leben mit Familienanschluss. Die Hausgäste sind in gemütlichen B&B-Zimmern im Haupthaus oder in Cabins untergebracht, die auf dem Gelände der Ranch verteilt sind. Die geführten Ausritte werden für Jung und Alt sowie erfahrene Reiter und Anfänger gleichermaßen angeboten und können individuell gebucht werden. Sie stehen auch Gästen zur Verfügung, die nicht auf der Ranch übernachten.

Neben den Programmen rund ums Pferd, stehen hier auch traditionelle Ranch-Aktivitäten und Ausfahrten per Allrad-Quad (ATV) auf der Agenda. Am Abend wartet dann ein gemeinsames Rancher-Barbecue mit hausgemachten Gerichten – oftmals mit Fleisch aus der eigenen Rinderzucht – bevor man gemeinsam in den Sonnenuntergang reitet. Im Anschluss versammeln sich die Gäste um ein gemütliches Lagerfeuer, um Cowboy-Geschichten und -Gedichte ihres Gastgebers zu hören.

La Reata Ranch: *lareata.com*
Historic Reesor Ranch: *reesorranch.com*

Die Stille hören
an einem der leisesten Orte der Welt

Ungewöhnliche Kanada-Abenteuer abseits aller Wege in den Grasslands

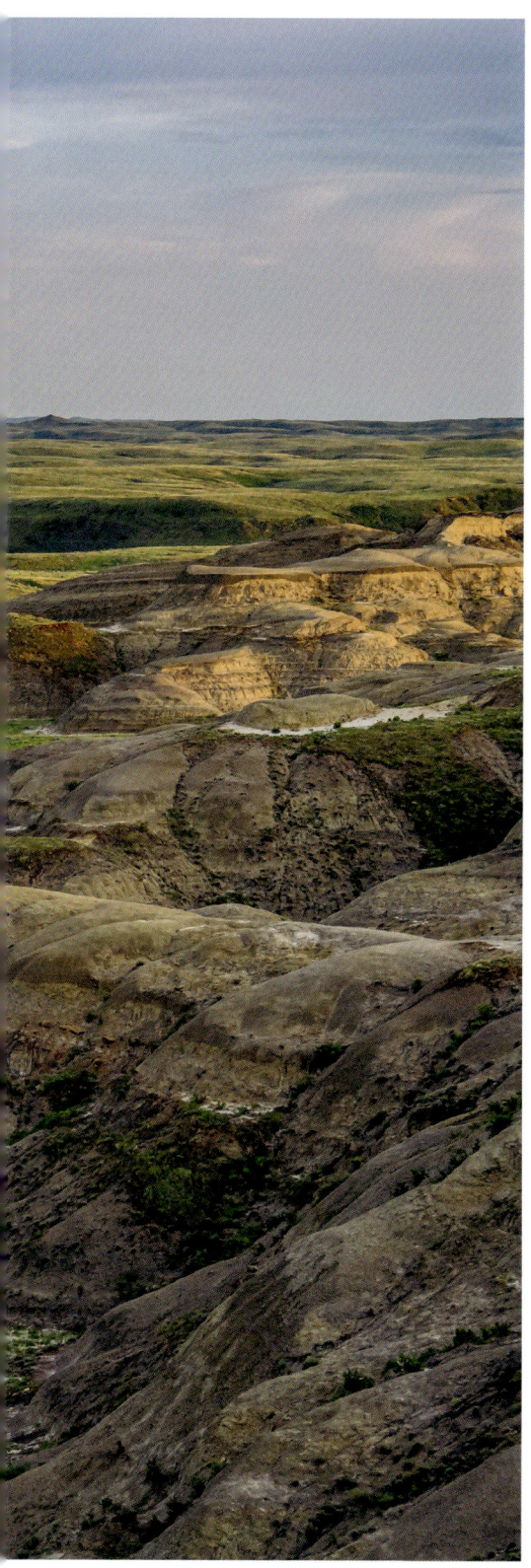

*Die große, weite Stille im
Grasslands National Park*

Sie überlegt einen Moment und hält dann beide Zeigefinger zwei, drei Handbreit auseinander: So vielleicht, meint sie, nicht viel größer. „Die sind dann auch nicht wirklich laut, solange sie so klein sind. Die sind kaum zu hören." Die Rangerin im Besucherzentrum redet über Klapperschlangen.

Über junge Klapperschlangen. Die ausgewachsenen, erklärt sie, müssen Wanderer im Grasslands National Park nicht fürchten: Die machen mit ihrer Rassel am Schwanzende einen derartigen Radau, wenn sich jemand nähert, dass sie absolut nicht zu überhören sind. Bei den jungen Schlangen aber sei die Rassel noch kleiner und das Warngeräusch dementsprechend leiser. „Wir empfehlen den Leuten immer, besser nicht mit Kopfhörern auf den Ohren durch den Park zu wandern." Die Rangerin lächelt. „Ihnen würde sonst auch einiges entgehen. Nicht nur das Klapperschlangenklappern." Sie holt noch Prospekte und Karten aus dem Schrank. Und wünscht eine gute Zeit.

Der Grasslands National Park im Süden der kanadischen Provinz Saskatchewan gehört mit seinen 900 Quadratkilometern entlang der Grenze zu Montana zu jenen Regionen, an denen sich die globale Instagram- und Influencer-Gemeinde noch nicht abgearbeitet hat. Was zum einen daran liegt, dass die Grasslands ein biss-

Unterwegs im West Block des Grasslands National Park

Das Pfeifen der Prärie-hunde ist eines der wenigen Geräusche, die man in den Grasslands hören kann

chen ab vom Schuss liegen: bis in Saskatchewans Provinz-Hauptstadt Regina sind es 360 Kilometer. Und zum anderen daran, dass es dort weder tosende Wasserfälle noch spektakuläre Gebirgslandschaften gibt und auch keine azurblauen Seen oder Gletscherzungen, die jedes Jahr kürzer werden. Stattdessen findet sich, salopp gesagt: Gras. Viel Gras. Sehr viel Gras. So viel, dass der Park zwangsweise danach benannt werden musste, weil es etwas Anderes nicht gibt. Wer ankommt in den Grasslands und vom Besucherzentrum ein paar Kilometer hineinfährt in den Park, dann aussteigt und sich umschaut, der sieht tatsächlich nichts sonst. Noch nicht einmal einen Wanderweg. Wer die Grasslands erleben möchte, der läuft einfach drauflos.

Laut Parkbroschüre sind im Grasslands National Park über 60 Gräser heimisch. Wir laufen durch das Gras, eine Sorte sieht aus wie die andere. Welle an Welle rollt es vor einem dahin, in sanften Schwüngen, unterbrochen von kleinen Knubbelbergen und talartigen Einschnitten. Und das in allen Richtungen, bis zum Horizont ganz weit hinten, „Big Sky Country" nennen die Kanadier das. Zuerst wirkt die Endlosigkeit und Leere unter diesem großen Himmel seltsam erdrückend. Besucher fühlen sich nicht selten allein und verloren und klein und stellen sich vor, wie man jetzt wohl von oben betrachtet aussieht, ein winziger Punkt, der sich langsam auf einer riesigen grünen Fläche bewegt. Nach ein paar Stunden unter dem blau geschrubb-

ten Himmel aber wird das Gras zur gewohnten Kulisse. Ein Fuß wird einfach vor den anderen gesetzt, ganz mechanisch, ganz automatisch. Und dann? Wird plötzlich die Stille hörbar.

Denn der Grasslands National Park gehört nicht nur zu den jüngsten kanadischen Nationalparks – er ist auch der ruhigste und gehört zu den stillsten Orten der Welt. Das wurde tatsächlich gemessen: selbst hochempfindliche Mikrofone konnten über lange Stunden kein einziges menschlich erzeugtes Geräusch vernehmen, kein Autorauschen in der Ferne, kein Sirren in Stromleitungen, kein Jetbrummen hoch am Himmel, überhaupt nichts. Solche Orte sind selten geworden auf der Welt, selbst über dem Amazonas und der Gobi dröhnen Flugzeuge. In den Grasslands von Saskatchewan aber ist es so still, dass Besucher das Gras wachsen hören können.

Nach einer Zeit führt diese Stille dazu, dass die Welt um uns herum immer lauter wird. Das Raunen des Windes, der über die Hügel zieht ist ebenso zu hören wie das Pfeifen der Präriehunde, die ihre Kolonien vor dem Menschen warnen, der da auf sie zugelaufen kommt. Das Summen der Insekten und das Geräusch, das die eigenen Schritte im Gras machen. Und abends kommen dann noch die Kojoten dazu, die irgendwo zwischen den Hügelketten den Mond anheulen. Oder möglicherweise auch die Sterne.

Von denen gibt es in klaren Nächten so viele wie Grashalme, weshalb die ein-

Zwischenstopp am Rock Creek Campground

zige Namensalternative auch so etwas wie Star Sky National Park gewesen sein dürfte. Nirgendwo sonst in Kanada ist der Himmel so dunkel, nirgendwo sonst kann tiefer und weiter ins Universum geschaut werden als hier (was das Gefühl der eigenen Winzigkeit noch einmal verstärkt). Vor dem Zelt sitzen und gebannt nach oben schauen, das geht problemlos stundenlang. Selbst der Strahl der eigenen Taschenlampe kommt einem vor wie ein Fremdkörper, der die Unversehrtheit des Sternenhimmels zu stören scheint.

Auf dem Rückweg am nächsten Morgen steht ein Bison in der Prärie. Nicht zu übersehen, ein großer, dunkler Fleck im flächendeckenden Grün der Grasslands. Es gibt hier nur noch wenige von ihnen, etwas über 670 Tiere in einem Park, so groß wie Berlin. Der Bison rupft Gras, nur manchmal hört er mit dem Fressen auf. Dann hebt er seinen schweren Kopf und schaut mit großen, traurigen Augen in die Prärie, als ob er sich an die Zeit erinnert, als noch hunderttausende seiner Art durch die Grasslands zogen.

Damals waren in dem Gebiet nicht nur mehr Bisons, sondern auch mehr Menschen unterwegs. 1876, nach der Schlacht am Little Bighorn, als die US-Armee mit brachialer Gewalt gegen die amerikanischen Präriestämme vorging, flohen Sitting Bull und 4.000 Lakota aus Montana über die Grenze. Ihre Spuren sind noch heute überall im Park zu sehen, über 13.000 Tipi-Ringe wurden bislang entdeckt: Kreise aus Steinen, mit denen die Zeltplanen am Boden beschwert wurden. Viele dieser Ringe liegen oben auf den Hügeln, wo immer ein Wind weht, der die Mücken fernhält. Von dort war zu sehen, wer am nächsten Tag zu Besuch kommen würde. Auch wir sehen einen winzigen blitzenden Punkt in der Ferne. Weit weg noch, aber unverkennbar der Mietwagen, der uns zurückbringen wird. Zurück aus der unglaublichen Stille.

Hin und weg in Saskatoon

Autor: Ole Helmhausen

W er mit dem Flugzeug kommt, erlebt einen der schönsten Anflüge in Kanada. Unter einem mäandert ein breiter Fluss in großen Kurven gemächlich durch eine üppig grüne Stadt. Acht Brücken überspannen den South Saskatchewan River, von Radfahrern und Fußgängern genutzte Alleen begleiten die Ufer und schon wird man ein bisschen neidisch, weil die Einheimischen diese natürliche Schönheit tagtäglich genießen dürfen.

Auch in anderer Richtung ist Saskatoon bemerkenswert: Wer hinausfährt, sieht zu, wie sich die Vorstädte immer mehr in die Länge ziehen, bis auch das letzte Gebäude im Rückspiegel verschwindet und endlose Weizenfelder die Regie übernehmen. Auch der Blick auf die Krümmung der Erdkugel ist nichts weniger als unvergesslich ...

Mit über 317.000 Einwohnern ist Saskatoon also nicht nur die größte Stadt Saskatchewans. Ihre sympathischen Beinamen „City of Bridges" und „Paris of the Prairies" untermauert sie mit herrlichen Spazierwegen, tollen Wassersport- und Shoppingmöglichkeiten, einem vollen

Event-Kalender und Traditionshotels wie dem chateauesquen Bessborough und modernen Unterkünften wie dem Alt Hotel Saskatoon. Und natürlich mit einer kulinarischen Szene, die sich hinter denen der kanadischen Millionenstädte nicht zu verstecken braucht. Eishockey-Ikone Gordie Howe und Kanadas berühmteste Singer-Songwriterin Joni Mitchell stammen von hier, durchziehende Pelikane wassern hier im Frühjahr und Herbst und 25.000 an der University of Saskatchewan eingeschriebene Studenten: Genuss gepaart mit Lebensfreude und einem Hauch von Bohème zieht sich durch die Stadt. Vor allem Downtown und in Stadtvierteln wie

Riversdale und Broadway, die eher wie urbane Dörfer wirken.

Downtown

Das 2017 eröffnete Remai Modern wurde von renommierten Torontoer Architekten entworfen und thront auf dem Westufer des South Saskatchewan River. Es beherbergt 8000 Werke kanadischer und internationaler Künstler, darunter über 400 Linolschnitte von Picasso. Noch mehr Wow-Effekte? Der Blick vom galerieeigenen Hearth Restaurant auf die Stand-up-Paddler unten auf dem Fluss ist nicht minder inspirierend. Auch Shopping geht

Das Remai Modern am
Westufer des South
Saskatchewan River

prima: Shop Midtown ist mit über 130 Geschäften das beste Einkaufszentrum zwischen Toronto und Calgary.

Broadway District

Broadway hieß diese Straße einst deshalb, weil auch lange Pferdegespanne auf ihr wenden konnten. Heute ist der Broadway District Saskatoons Hipster-Treff. Hier gibt es interessante Boutiquen und Läden, hier findet unter anderem Anfang August das von freien KünstlerInnen ausgetragene Fringe Festival statt. Zum Zeitgeist passende Restaurants: das Odla mit seiner saisonalen, von Farmen aus dem landwirtschaftlichen Schlaraffenland der Umgebung belieferten Küche und das ebenfalls aus regionalen Produkten fran-

zösisch inspirierte Gerichte zaubernde Calories.

Riversdale

Vielfalt, Begehbarkeit, Kreativität und Lebensfreude: Willkommen in Riversdale! Herz des Viertels ist die historische 20th Street West, wo man von handgefertigten Schuhen bis hin zu kalt gepressten Säften und lokalem Craft Bier alles findet, was man irgendwie schon immer einmal genießen oder besitzen wollte.

Meewasin Valley

In und außerhalb Saskatoons fließt der South Saskatchewan River durch das Meewasin Valley, das Jung und Alt zu vielen

Saisonale und regionale
Gerichte genießen die
Gäste im Restaurant Odla

Arten von Outdoor-Aktivitäten einlädt – sowohl an Land als auch zu Wasser. Das Wegenetz der Meewasin Trails erstreckt sich auf über 100 Kilometern entlang des östlichen und westlichen Flussufers – darunter ein 30 Kilometer langer Abschnitt des Trans Canada Trails. Die Wege bieten einen wunderbaren Einblick in die Flora und Fauna der Region. In der Beaver Creek Conservation Area südlich der Stadt tauchen die Besucher in die Stille von Feuchtgebieten und Wäldern ein. Auf seinen Wegen erzählt Meewasin die Geschichte einer sich ständig weiterentwickelnden Natur und ihrer harmonischen Koexistenz mit der Geschichte der Menschen. Eine inspirierende Erinnerung daran, wie wichtig es ist, diese wertvollen Landschaften zu bewahren! Die Arbeit der Meewasin Valley Authority ist nicht nur bewundernswert, sondern für zukünftige Generationen auch unverzichtbar. Aktuell prüft Parks Canada, ob im Meewasin Valley der zweite innerstädtische Nationalpark Kanadas entstehen könnte.

ÜBERNACHTUNG
- Delta Hotels Bessborough: *marriott.com/en-us/hotels/yxedb-delta-hotels-bessborough*
- Alt Hotel Saskatoon: *germainhotels.com/en/alt-hotel/saskatoon*

RESTAURANTS
- Hearth Restaurant: *hearth.restaurant*
- Odla: *odla.ca*
- Calories Bakery & Restaurant: *caloriesrestaurant.ca*

AKTIVITÄTEN
- Remai Modern Museum: *remaimodern.org*
- Meewasin Valley: *meewasin.com*

SHOPPING
- Shop Midtown: *shopmidtown.ca/whatsinstore*

STAND-UP-PADDLING
- Anbieter/Verleih: *back2naturewellness.com*

Das Meewasin Valley lädt zu zahlreichen Outdoor-Aktivitäten ein.

Best of Regina

Top Sehenswürdigkeiten in der königlichen Hauptstadt Saskatchewans

Blick vom Wascana Centre auf Regina

Nicht nur durch ihren royalen Namen ist Regina, die Hauptstadt Saskatchewans, eine wahre Königin unter Kanadas Städten! Mit ihren rund 215.000 Einwohnern kann sie zwar größentechnisch nicht mit Metropolen wie Vancouver und Toronto mithalten, aber genau das macht den Charme des liebenswerten Städtchens im Süden der Prärieprovinz aus. Wer Regina einen Besuch abstattet, darf sich auf die freundlichen Einwohner und eine Fülle an Sehenswürdigkeiten und Attraktionen freuen.

Viele Besucher kommen vor allem wegen ihnen nach Regina: Kanadas „Mounties", weltweit berühmt durch ihre traditionelle rote Paradeuniform. Denn hier in der Hauptstadt Saskatchewans befindet sich das landesweit einzige Ausbildungszentrum für den Nachwuchs der Royal Canadian Mounted Police (RCMP). Mehr als 1000 junge Kadetten absolvieren hier jedes Jahr ihre Grundausbildung. Besucher dürfen das Geschehen als Zaungäste beobachten (mehr dazu im folgenden Beitrag ab S. 50).

Das Herz Reginas schlägt im Wascana Centre, einer idyllischen Natur-Oase mitten in der Stadt. Es zählt zu den größten urbanen Parkanlagen in Nordamerika und eignet sich hervorragend zum Spazierengehen, Radfahren oder Joggen – immerhin stehen hier mehr als acht Kilometer asphaltierter Mehrzweck-Wege zur Verfügung. Wer Abkühlung von der sommerlichen Hitze sucht, kann per Kanu, Kajak oder Stand-Up Paddelboard zu einer der vielen Inseln im parkeigenen Wascana Lake paddeln oder eine gemütliche Bootsfahrt mit Ferry Boat Tours

Mountie in der roten Paradeuniform

Achtung, neuer Dino in der Stadt! In der naturhistorischen Abteilung des Royal Saskatchewan Museum werden Saskatchewans Dinosaurier und andere riesige Bestien der Vergangenheit prominent ausgestellt. Im Mai 2019 feierte der „jüngste" Neuzugang des Museums seinen Einzug. Der weltweit größte Tyrannosaurus Rex „Scotty" wurde einst im Südwesten der Provinz entdeckt und hat nun neben seiner eigentlichen Heimat im T.rex Discovery Centre in Eastend im Museum in Regina ein zweites Zuhause gefunden. Die Ergänzung dieses Exponats brachte eine Neugestaltung des Museums mit sich, das nun eine zweigeschossige Besichtigung des riesigen Dino-Skelett-Repliks ermöglicht.

Kunstbegeisterte kommen in der MacKenzie Art Gallery im T.C. Douglas Building voll auf ihre Kosten. Die Galerie zeigt bemerkenswerte Werke aus aller Welt, die zum Nachdenken anregen. Besucher können sich auf einer Ausstellungsfläche von mehr als 2000 Quadratmetern in ihren Gedanken verlieren oder im Gallery Shop nach Erinnerungsstücken und Mitbringseln stöbern.

Das Saskatchewan Science Centre inspiriert wissbegierige Besucher mit Wissenschaft und Innovation und bietet unterhaltsame Familienveranstaltungen sowie mehr als 185 Exponate zum Thema Geschichte, Natur und Technik, die eigenhändig ausprobiert werden können. Bei interaktiven Bühnenshows und IMAX-Filmen auf Großleinwand kommt man aus dem Staunen gar nicht mehr heraus.

Beeindruckend: das Parlamentsgebäude in Regina

unternehmen. Das rund neun Hektar große Vogelschutzgebiet Wascana Lake Migratory Bird Sanctuary beheimatet viele Vogelarten, die in Feuchtgebieten zu Hause sind, und auch Pelikane, Kormorane und Schildkröten können mit etwas Glück gesichtet werden.

Auch wer das „klassische Besucherprogramm" erleben möchte, kommt im Wascana Centre voll auf seine Kosten, denn zahlreiche Sehenswürdigkeiten und Attraktionen sind auf seinem Areal untergebracht.

Das stattliche Parlamentsgebäude Saskatchewan Legislative Building wurde im Jahr 1912 erbaut und zählt zu den größten Gebäuden im Westen Kanadas. Es wurde von den Maxwell Brothers of Montréal im Beaux-Arts-Stil entworfen und aus Tyndall-Stein und 34 verschiedenen Marmorarten erbaut. Bei einer Führung erfährt man reichlich Wissenswertes über die Visionen, die die frühen Anführer für die Provinz hatten, und von den vielen berühmten Kanadiern, die Teil des politischen Erbes Saskatchewans sind.

tourismregina.com

AKTIVITÄTEN:
- Royal Saskatchewan Museum: *royalsaskmuseum.ca*
- MacKenzie Art Gallery: *mackenzie.art*
- Saskatchewan Science Centre: *sasksciencecentre.com*

Heimat der Mounties

Saskatchewan, Kinderstube der sympathischen Botschafter Kanadas

Autorin: Karin Schreiber

Die Sunset Ceremony in Regina

Ungeduldig rutsche ich auf meinem eigens mitgebrachten Klappstuhl hin und her. Gleich geht es los. In der Ferne höre ich schon die Trommeln. Da! Jetzt kommen sie um die Ecke marschiert. Das Musikkorps führt die Truppe an, dicht gefolgt von den Mounties in ihren berühmten roten Paradeuniformen. In Reih' und Glied ziehen sie im Gleichschritt an uns vorüber und verziehen dabei keine Miene. Nun kommt die Kanone – ein altmodisches Relikt aus längst vergangenen Tagen – bevor die berittenen Polizisten die Nachhut bilden. Der Platz vor der weißen Militärkapelle ist inzwischen gut gefüllt von RCMP Offizieren und Kadetten. Und ich bin mitten drin, in der Sunset Ceremony.

Es ist Dienstag, früher Abend. Mein Timing ist perfekt, denn ausgerechnet heute liegt die Provinzhauptstadt Regina auf der Route meiner Saskatchewan-Rundreise. In den Sommermonaten findet hier nämlich an ausgewählten Terminen auf dem Gelände der RCMP Depot Division eine der ältesten Militärparaden Kanadas statt. Die „Sunset Ceremony" geht auf eine britische Militärtradition aus dem 18. Jahrhundert

Die kanadische Flagge wird eingeholt ...

Mountie auf Fort Walsh in den Cypress Hills

zurück. Zum Sonnenuntergang wurde seinerzeit ein einzelner Trommler in die Straßen der Stadt geschickt, um den Wirten das Signal zu geben, die Tavernen zu schließen und die Soldaten zur Rückkehr zum Stützpunkt aufzufordern. Sobald letztere dort eingetroffen waren, wurde die Flagge mit einer Zeremonie eingeholt und der Tag galt offiziell als beendet.

Heutzutage ist die Sunset Ceremony ein absolutes Muss für alle Besucher, die sich für die kanadische Polizei im Allgemeinen und die Entstehungsgeschichte der „Royal Canadian Mounted Police" – kurz RCMP – im Besonderen interessieren. 90 Minuten dauert das farbenfrohe Spektakel, das neben der Parade mit Militärmusik und dem Einholen der kanadischen Flagge auch eine beeindruckende Präsentation von Exerzierübungen nach einem bestimmten militärischen Zeremoniell beinhaltet. Mit ihrer traditionellen Paradeuniform sind die Offiziere der RCMP, weltweit als „Mounties" und sympathische Botschafter Kanadas bekannt, die Stars des Abends. Sie sehen aber auch wirklich schmuck aus: Waffenrock in leuchtendem Rot und mit königsblauem Abzeichen, gelbe Knöpfe und Tressen, dunkelblaue Reithosen, Reitstiefel und der berühmte breitkrempige Hut - die Kameras der Zuschauer klicken auf Hochtouren! Als krönender Abschluss wird die alte Kanone abgefeuert – ohrenbetäubend und mit mächtig viel Qualm.

Wie gut, dass ich am Nachmittag schon das RCMP Heritage Centre besucht habe. Dieses „Mountie-Museum" informiert multimedial und interaktiv über die legendäre Geschichte der kanadischen Polizei. Die Entstehung und Entwicklung der Provinz Saskatchewan ist einzigartig mit der Geschichte der RCMP verbunden, die sich früher North West Mounted Police nannte. Fort Walsh in den hügeligen Cypress Hills im Südwesten der Provinz war von 1875 bis 1882 das ursprüngliche Hauptquartier. Heute ist das Fort eine National Historic Site, an der Mitarbeiter in zeitgenössischen Kostümen das Lebensgefühl der North West Mounted Police

wieder aufleben lassen. Die Überreste des weiter nördlich gelegenen Fort Battleford erinnern an die bedeutende Rolle, die das Fort beim Aufstand der Métis – den Nachfahren europäischer Pelzhändler und indigener Frauen – und lokaler Sippen der Cree und Assiniboine First Nations gegen die kanadische Regierung im Rahmen der Nordwest Rebellion im Jahr 1885 spielte.

Die Geschichte der Ankunft der Mounties im Westen des Landes kann ohnehin nicht ohne das Verständnis ihrer frühen Interaktion mit den Ureinwohnern Kanadas erzählt werden. Überall in der Provinz zollen Sehenswürdigkeiten und Gedenkstätten Anerkennung für diese entscheidenden Episoden in der Geschichte Saskatchewans. Wood Mountain Post nahe der US-amerikanischen Grenze beispielsweise dokumentiert das Verhältnis und den respektvollen Umgang zwischen Major James Walsh und dem legendären Stammesältesten Sitting Bull. Der heutige Highway No. 13 – auch als Red Coat Trail bekannt – folgt darüber hinaus in etwa der Route des großen Marsches nach Westen, dem epischen Treck der North West Mounted Police nach Westkanada im Jahr 1874.

- rcmp-grc.gc.ca/depot/depotlife-vie-depot/sunset-crepuscule-eng.htm
- rcmpheritagecentre.com

Kichiota Indigenous Destinations

Besondere Orte für die indigenen Völker der Prärie

K

„Kichiota Indigenous Destinations" – so heißt der indigene Korridor im kanadischen Saskatchewan, der aus der neuen und einzigartigen Partnerschaft zwischen den Whitecap Dakota First Nation, dem Wanuskewin Heritage Park und den Beardy's und Okemasis' Cree Nation entstanden ist. Dieser Zusammenschluss von Völkern und Kulturen ist der erste seiner Art in Kanada und bietet Besuchern multikulturelle und mehrtägige Erlebnisse, die die Geschichte und Traditionen der indigenen Kulturen der nördlichen Prärie beleuchten.

Der Name „Kichiota" hat seine Wurzeln in den Sprachen der Cree und der Dakota. Er wird beschrieben als „ein Zusammenkommen indigener Sprachen, das ein größeres Ganzes als die Summe seiner Teile schafft". Da es keine direkte Übersetzung gibt, bedeutet der Name auf diese neue Partnerschaft bezogen „besondere Orte für viele Völker".

Whitecap Dakota First Nation

Erst im Herbst 2020 wurde südlich von Saskatoon auf dem traditionellen Land der Whitecap Dakota das Dakota Dunes Resort eröffnet. Das Full Service Resort unter indigener Leitung bietet seinen Gäs-

Im Herbst 2020 eröffnet: das Dakota Dunes Resort

Das Dakota Dunes Resort bietet authentische indigene Erlebnisse

54

tierten Wanuskewin Gift Shop, in dem handgefertigte Artikel lokaler indigener Kunsthandwerker erworben werden können. Gäste können außerdem das Dakota Dunes Casino nutzen, eine Runde auf dem 18-Loch Dakota Dunes Golfplatz spielen oder mit Dakota Dunes Adventures ein authentisches indigenes Kulturerlebnis buchen.

Wanuskewin Heritage Park

Seit mehr als 6400 Jahren ist der Wanuskewin Heritage Park ein Treffpunkt für die indigenen Völker der nördlichen Prärie. Die kulturhistorische, indigene Stätte vor den Toren Saskatoons liegt am South Saskatchewan River und verfügt über fast 4,5 Quadratkilometer Land. In den letzten Jahrzehnten wurden hier zahlreiche archäologische Funde freigelegt, darunter Bison Jumps, alte Lagerplätze, Tipi-Ringe und das nördlichste Medizinrad der Welt. Der Park ist die am längsten betriebene archäologische Ausgrabungsstätte Kanadas, eine National Historic Site und wartet außerdem auf seine Ernennung zum UNESCO Weltkulturerbe.

ten ein authentisches indigenes Erlebnis. Eingebettet in der idyllischen Flusslandschaft des South Saskatchewan River und umgeben von hügeligen Sanddünen bietet es einen spektakulären Ausblick. Seine Architektur ist eine Hommage an das indigene Kulturerbe. Die kantigen Fensterzargen und Holzpaneelen im Außenbereich erinnern an die traditionellen Tipis. Diese durchdachte Anspielung auf die indigene Kultur setzt sich in den 155 modernen und komfortablen Gästezimmern durch Kunst und Design fort.

Neben einem Indoor-Pool und Fitness-Bereich bietet das Hotel ein Restaurant mit Farm-to-Table Konzept. Ein Ausstellungskorridor führt darüber hinaus zum kura-

Auf schönen Wanderwegen mit so klangvollen Namen wie „Path of the People" oder „Trail of Discovery" begibt man sich hier auf eine Reise in die Vergangenheit. Der Bison Viewing Trail führt dagegen zu einem Aussichtspunkt, der einen fantas-

Die Bisonherde im Wanuskewin Heritage Park wurde 2019 wieder angesiedelt.